AMSTERDAM
EN QUELQUES JOURS

Karla Zimmerman

Dans ce guide

L'essentiel

Pour aller droit au but et découvrir la ville en un clin d'œil.

Les basiques
À savoir avant de partir

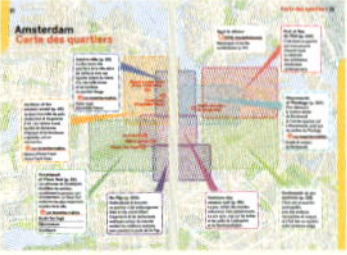

Les quartiers
Se repérer

Explorer Amsterdam

Sites et adresses quartier par quartier.

Les incontournables
Pour tirer le meilleur parti de votre visite

100% amstellodamois
Vivre comme un habitant

Amsterdam selon ses envies

Les meilleures choses à voir, à faire, à tester...

Les plus belles balades
Découvrir la ville à pied

Envie de...
Le meilleur d'Amsterdam

Carnet pratique

Trucs et astuces pour réussir votre séjour.

Hébergement
Une sélection d'hôtels

Transports et infos pratiques

Notre sélection de lieux et d'adresses

- Voir
- Se restaurer
- Prendre un verre
- Sortir
- Shopping

Légende des symboles

- Numéro de téléphone
- Horaires d'ouverture
- Parking
- Non-fumeurs
- Accès Internet
- Wi-Fi
- Végétariens
- Menu en anglais
- Familles bienvenues
- Animaux acceptés
- Bus
- Ferry
- Métro
- Tramway
- Train

Retrouvez facilement chaque adresse sur les plans de quartiers

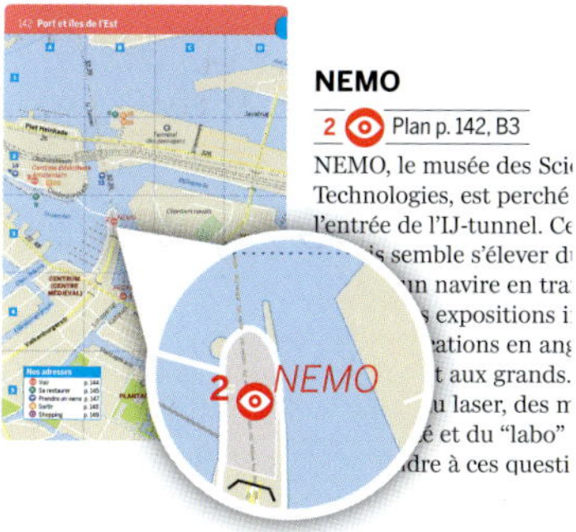

Amsterdam En quelques jours

Les guides En quelques jours édités par Lonely Planet sont conçus pour vous amener au cœur d'une ville.

Vous y trouverez tous les sites à ne pas manquer, ainsi que des conseils pour profiter de chacune de vos visites. Nous avons divisé la ville en quartiers, accompagnés de plans clairs pour un repérage facile. Nos auteurs expérimentés ont déniché les meilleures adresses dans chaque ville : restaurants, boutiques, bars et clubs... Et pour aller plus loin, découvrez les endroits les plus insolites et authentiques de la capitale des Pays-Bas dans les pages "100% amstellodamois".

Ce guide contient également tous les conseils pratiques pour éviter les casse-tête : itinéraires pour visites courtes, moyens de transport, montant des pourboires, etc.

Grâce à toutes ces infos, soyez sûr de passer un séjour mémorable.

Notre engagement

Les auteurs Lonely Planet visitent en personne, pour chaque édition, les lieux dont ils s'appliquent à faire un compte-rendu précis. Ils ne bénéficient en aucun cas de rétribution ou de réduction de prix en échange de leurs commentaires.

L'essentiel 7

Explorer Amsterdam 21

Vaut le détour :

Amsterdam selon ses envies 151

Les plus belles balades

Envie de...

Carnet pratique 173

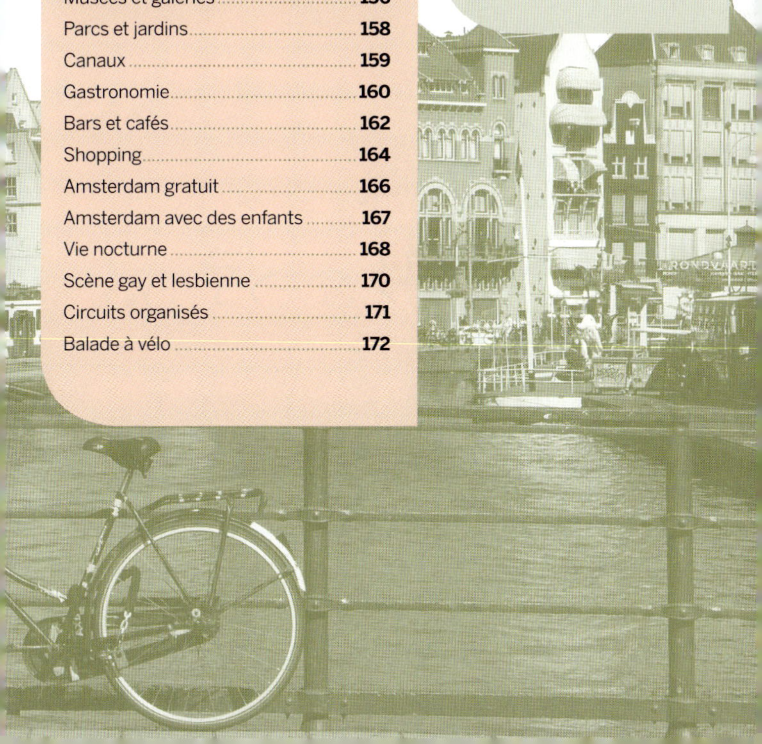

RONDVAART KOOIJ
RONDVAART IJ - HAVENS - GRACHTEN REEDERIJ P. KOOIJ
FOR RENT
+31 (0)20 53 53 303

L'essentiel

Bienvenue à Amsterdam

La magie d'Amsterdam opère de bien des manières : par le biais de ses majestueuses demeures du Siècle d'or, au gré d'une balade le long des canaux, le temps d'une pause dans un "café brun", aux murs noircis par la fumée, pour boire une bière à la lumière des bougies, lors d'une visite dans un musée ou d'une flânerie dans l'un des agréables petits marchés. La liste des charmes de cette capitale est longue, et on comprend aisément pourquoi elle est l'une des destinations touristiques les plus courues d'Europe.

L'un des fameux canaux d'Amsterdam
JOHN WILKINSON / GETTY IMAGES ©

Amsterdam
Les incontournables

Musée Van Gogh (p. 86)

Vous ferez la queue dehors et jouerez des coudes à l'intérieur, mais vos efforts seront récompensés lorsque vous découvrirez les couleurs éclatantes des tableaux majeurs du peintre, ainsi que ses premières œuvres plus méconnues.

Maison d'Anne Frank (Anne Frank Huis, p. 44)

Pénétrer dans "l'annexe secrète", se tenir dans la petite chambre d'Anne et voir son journal intime est une expérience très émouvante – un million de visiteurs la vivent chaque année.

Rijksmuseum
(p. 90)

Malle aux trésors des Pays-Bas, ce musée compte de nombreuses œuvres du Siècle d'or, des tableaux des maîtres hollandais et flamands, de la faïence de Delft et une maison de poupée au mobilier exceptionnel, sans oublier une œuvre incontournable : *La Ronde de nuit* de Rembrandt.

Maison de Rembrandt (Rembrandthuis, p. 126)

Visiter la maison de ce maître de la peinture hollandaise du XVIIe siècle permet de découvrir son atelier et d'examiner son cabinet de curiosités, garni de coquillages, de fossiles, mais aussi de bustes de grands hommes.

Vondelpark (p. 94)

Par beau temps, toute la ville semble se donner rendez-vous dans cet immense havre de végétation, où joggeurs, pique-niqueurs, couples d'amoureux, joueurs d'accordéon et enfants se pressent sur les pelouses et dans les cafés.

Palais royal (p. 24)

Entrez dans l'une des demeures du roi et admirez les tapisseries, les lustres, le marbre italien et les peintures murales, tout en prenant une leçon d'histoire sur la royauté et la politique néerlandaises.

100% amstellodamois
Vivre comme un habitan[t]

Conseils d'initiés pour découvrir le vrai Amsterda[m]

Après avoir effectué le parcours touristique incontournable, partez à la découverte de salles de concert underground, de repaires bobos, de délicieuses pâtisseries et d'étonnantes boutiques qui font toute l'originalité d'Amsterdam.

Shopping dans le Jordaan et les canaux ouest

(p. 46)

▶ Petites boutiques originales
▶ Cafés bruns

Montures de lunettes anciennes, fromages artisanaux, livres d'art faits main... Voici un aperçu des curiosités que cachent les charmantes ruelles du Jordaan. Et si vous vous perdez, demandez votre chemin dans l'un des bars chaleureux du quartier.

De Pijp bohème

(p. 106)

▶ Le plus grand marché d'Amsterdam
▶ Restaurants et bars branchés

De Pijp a des allures de village. Il rassemble des habitants venus de tous les horizons et vous y croiserez des artisans, des ouvriers, des intellectuels, des voyous ou des artistes. La plupart se croisent au marché, avant d'aller prendre un verre dans un bistrot animé ou un club tendance.

Flânerie dans la ceinture des canaux sud

(p. 68)

▶ Demeures du Siècle d'or
▶ Boutiques d'antiquités huppées

Quartier cossu d'Amsterdam (c'est l'un des endroits les plus prisés de la ville), les canaux sud abritent de vastes demeures du XVIIe siècle, un beau marché aux fleurs, des antiquaires réputés et de somptueux théâtres.

La tournée des cafés de Nieuwmarkt et de Plantage

(p. 128)

▶ Marché aux puces
▶ Cafés dans des bâtiments historiques

Comptant parmi les quartiers les plus anciens et verdoyants de la ville, Nieuwmarkt et Plantage sont parfaits pour se détendre et prendre un verre après le marché ou la visite d'une galerie d'art contemporain.

Le café Singel 404 (p. 55), Jordaan et canaux ouest

Sabots à l'Albert Cuypmarkt (p. 106), De Pijp

À la découverte de Westerpark et des îles occidentales (p. 64)

- École d'Amsterdam
- Parc culturel d'avant-garde

Ces deux enclaves du nord-ouest de la ville ont le vent en poupe. Les îles sont accessibles par de petits ponts à bascule et Westerpark abrite à la fois des marais, où nichent de nombreux oiseaux, et des cafés et des théâtres branchés, fréquentés cette fois par des oiseaux de nuit.

Autres lieux pour vivre l'Amsterdam des Amstellodamois

Centre culturel De Hallen (p. 98)

De Twee Zwaantjes (p. 57)

Wil Graanstra Friteshuis (p. 54)

Marché aux livres d'Oudemanhuis (p. 40)

Tokoman (p. 135)

Oosterpark (p. 122)

Rob Wigboldus Vishandel (p. 32)

Café Sarphaat (p. 114)

Utrechtsestraat (p. 79)

Marché de Lindengracht (p. 60)

Amsterdam en 4 jours

1er jour

Commencez par les incontournables : prenez le tram jusqu'au quartier des musées pour admirer les chefs-d'œuvre du **musée Van Gogh** (p. 86) et du **Rijksmuseum** (p. 90) – réservez vos billets pour éviter l'attente. Les amateurs d'art moderne feront un détour par le **Stedelijk Museum** (p. 97).

Passez l'après-midi dans le centre médiéval. Déjeunez au **Gartine** (p. 30), une excellente adresse *slow food*. Explorez la cour et les jardins secrets du **Béguinage** (p. 28). Remontez la rue jusqu'à la **place du Dam** (p. 30), où s'élèvent le **Palais royal** (p. 24) et la **Nieuwe Kerk** (p. 29), pour un aperçu de l'histoire néerlandaise. Ensuite, allez boire votre *jenever* (genièvre) comme un vrai Amstellodamois au **Wynand Fockink** (p. 34).

Terminez la soirée par un dîner chic au **Greetje** (p. 135). Puis aventurez-vous dans le quartier Rouge. En descendant Warmoesstraat ou Oudezijds Achterburgwal, vous pourrez jeter un coup d'œil à des boutiques pour fétichistes, à des *coffee shops* enfumés et à des vitrines éclairées de rouge. Finissez la soirée dans un café brun comme l'**In 't Aepjen** (p. 35), l'**In de Olofspoort** (p. 36) ou le **'t Mandje** (p. 36).

2e jour

Flânez sur l'**Albert Cuypmarkt** (p. 106), le plus grand marché en plein air d'Amsterdam, pour dénicher des fromages, du poisson, des *stroopwafels* (gaufres au sirop) et des vêtements à prix cassé. Vivez ensuite la **Heineken Experience** (p. 109) pour connaître l'histoire de cette bière locale et la déguster.

Dégustez un burger à **The Butcher** (p. 111) pour le déjeuner. Cap ensuite vers la ceinture des canaux sud et promenez-vous le long de la majestueuse **Boucle d'or** (p. 69). Visitez le **Museum Van Loon** (p. 72) pour un aperçu de la vie opulente au bord du canal ou optez pour le **Kattenkabinet** (p. 69), un musée consacré aux chats. Découvrez les canaux au fil de l'eau avec **Those Dam Boat Guys** (p. 171) ou **Blue Boat Company** (p. 171).

Dînez de plats bio au bord du canal à **Buffet van Odette** (p. 75), puis direction Leidseplein pour faire la fête. Les clubs **Paradiso** (p. 80) et **Melkweg** (p. 80) proposent la meilleure programmation. À défaut, choisissez l'un des agréables bars ou cafés bordant la place, comme **Eijlders** (p. 78).

Votre temps est compté ?
Nous avons concocté pour vous des itinéraires détaillés qui vous permettront d'optimiser le peu de temps dont vous disposez.

3e jour

Visitez le port et les docks de l'Est. Arrêtez-vous à l'**ARCAM** (p. 145) pour des informations sur l'architecture néerlandaise, puis rendez-vous au musée maritime **Het Scheepvaartmuseum** (p. 144), avant d'aller admirer la vue du toit du **NEMO** (p. 144) et de la **Centrale Bibliotheek Amsterdam** (p. 144).

Mettez ensuite le cap sur les canaux ouest et allez déguster une petite crêpe traditionnelle chez **Pancakes!** (p. 56). Explorez les **Negen Straatjes** (p. 47, "Neuf Rues") voisines, qui abritent quantité de boutiques insolites. La **maison d'Anne Frank** (p. 44) se trouve aussi à proximité. Les pièces exiguës aux fenêtres toujours calfeutrées donnent un aperçu saisissant de la vie clandestine et tragique de l'adolescente.

Passez la soirée dans le Jordaan, quartier animé au charme suranné. Pour le dîner, **Balthazar's Keuken** (p. 52) occupe une ancienne forge et **Moeders** (p. 56) sert des plats néerlandais dans un cadre un brin kitsch. Ensuite, prenez un verre en terrasse au café **'t Smalle** (p. 56), ou allez pousser la chansonnette avec les habitués du **De Twee Zwaantjes** (p. 57).

4e jour

Faites un tour au **marché aux puces de Waterlooplein** (p. 129), où l'on trouve de tout, des statues du Bouddha aux scies électriques. Rembrandt a vécu non loin. On peut visiter son atelier dans son ancienne demeure, la **Rembrandthuis** (p. 126), et admirer son cabinet de curiosités et son chevalet taché de peinture. À côté, **Gassan Diamonds** (p. 133) permet d'observer la taille des diamants grâce à sa visite guidée gratuite.

Dégustez de délicieux sandwichs du Surinam à **Tokoman** (p. 135), puis rendez-vous à Plantage pour voir les expositions sur la Seconde Guerre mondiale du **Verzetsmuseum** (p. 132). Il est ensuite temps de vivre une expérience unique à Amsterdam : boire une bière bio au pied d'un véritable moulin à vent à la **Brouwerij 't IJ** (p. 137). N'oubliez pas de prendre des photos avant d'avoir bu un verre de trop.

Après avoir sillonné presque tous les quartiers de la capitale des Pays-Bas en 4 jours, accordez-vous une soirée tranquille en terrasse du **De Ysbreeker** (p. 122), d'où vous pourrez admirer la rivière Amstel et ses péniches. Ou prenez place sur le toit du club **Canvas** (p. 122) et profitez de la vue.

Les basiques

Reportez-vous au Carnet pratique (p. 173) pour plus d'informations

Monnaie
Euro (€)

Langue
Néerlandais et anglais

Formalités et visas
Pour les citoyens de l'Union européenne, une carte d'identité valide suffit. Les Canadiens et les Suisses devront, eux, être munis d'un passeport en cours de validité.

Argent
Les DAB sont très répandus. Les cartes bancaires sont acceptées dans la plupart des hôtels mais pas dans tous les restaurants, ou alors seulement les cartes à puce émises en Europe.

Téléphone portable
Les cartes SIM locales sont compatibles avec les téléphones européens. Les Pays-Bas utilisent le système GSM 900/1800.

Heure locale
Heure d'Europe centrale (GMT/UTC plus 1 heure)

Prises et adaptateurs
Prise à deux fiches arrondies ; voltage de 220 V. Les visiteurs nord-américains auront besoin d'adaptateurs.

Pourboires
Pourboires de 5 à 10% dans les restaurants et taxis. Sinon, arrondir à l'euro. Donnez quelques euros aux portiers des hôtels.

1 Avant de partir

Budget quotidien

Moins de 100 €

- Lit en dortoir 25-50 €
- Place pour Boom Chicago, fin de soirée 14 €
- Pass journée GVB 7,50 €

De 100 € à 250 €

- Chambre double 150 €
- Dîner de trois plats dans un restaurant de catégorie moyenne 35 €
- Billet pour le Concertgebouw 40 €

Plus de 250 €

- Chambre double dans un quatre-étoiles 250 €
- Dîner de cinq plats dans restaurant de catégorie supérieure 60 €
- Location d'une péniche privée pour 2 heures 90 €

Sites web

- **Lonely Planet** (www.lonelyplanet.fr). Renseignements, liens et sources utiles.
- **I Amsterdam** (www.iamsterdam.com/fr). Site officiel de la ville (version française).
- **Dutch News** (www.dutchnews.nl). Informations et listes de manifestations.

À prévoir

- **Six mois** Réservez votre hôtel, surtout pour un séjour en été.
- **Deux mois** Consultez la programmation du Concertgebouw, du Muziekgebouw aan 't IJ, du Melkweg et du Paradiso.
- **Une semaine** Achetez des billets en ligne pour le musée Van Gogh, la maison d'Anne Frank et le Rijksmuseum. Inscrivez-vous à des circuits organisés à pied ou à vélo et réservez dans les grands restaurants.

2 Arriver à Amsterdam

La plupart des visiteurs voyageant en avion arrivent à l'aéroport international Schiphol (AMS ; www.schiphol.nl), à 18 km au sud-ouest du centre-ville. Les trains nationaux et internationaux arrivent à Centraal Station (CS), dans le centre-ville.

Depuis l'aéroport Schiphol

Destination	Meilleur transport
Centre-ville/Jordaan/Canaux ouest	Train jusqu'à Centraal Station
Nieuwmarkt/Plantage	Train jusqu'à Centraal Station
De Pijp/Ceinture des canaux sud	Train jusqu'à Centraal Station
Vondelpark/Vieux Sud/Leidseplein	Bus 197

Depuis Centraal Station

Destination	Meilleur transport
Centre-ville et quartier Rouge	Tramways 1, 2, 4, 5, 9, 16, 24
Jordaan et canaux ouest	Tramways 1, 2, 5, 13, 17
Ceinture des canaux sud	Tramways 1, 2, 4, 5, 9
Vondelpark et Vieux Sud	Tramways 1, 2, 5
De Pijp	Tramways 16, 24

À l'aéroport/la gare ferroviaire

Aéroport Schiphol International DAB, bureaux de change, informations touristiques, location de voitures, billets de train, consignes, boutiques, restaurants et Wi-Fi gratuit.

Centraal Station DAB, bureaux de change, informations touristiques, restaurants, boutiques, consignes et billets de train.

3 Comment circuler

La marche et le vélo sont la meilleure solution pour se déplacer dans cette ville dense et peu étendue. Les pass du GVB sont l'option la plus pratique pour les transports en commun. On les trouve dans les centres de visiteurs ou auprès des receveurs de tramway. Faites passer votre carte devant la machine rose en entrant et en sortant.

À pied

Le centre d'Amsterdam étant compact, on peut facilement en faire le tour à pied.

Vélo

Le vélo est le principal moyen de transport des Amstellodamois. Vous trouverez des agences de location partout en ville ; comptez environ 11 € par jour.

Tramway

Les tramways, rapides et fréquents, circulent entre 6h et 0h30. Un ticket valable 1 heure coûte 2,90 € et un pass d'une journée coûte 7,50 €.

Bus et métro

Les réseaux de bus et de métro desservent principalement les quartiers périphériques et ne sont donc pas très utiles en ville. Les tarifs sont les mêmes que dans les tramways.

Ferry

Des ferries gratuits rallient le nord d'Amsterdam depuis les quais situés derrière Centraal Station.

Taxi

Les taxis coûtent cher et ne sont pas très rapides compte tenu du dédale de ruelles dans le centre d'Amsterdam. Le tarif est de 2,17 € par kilomètre et la prise en charge est de 2,95 €.

Amsterdam
Carte des quartiers

Centre-ville **(p. 22)**

Le plus couru des quartiers de la ville attire les visiteurs avec ses façades datant du Siècle d'or, ses cafés bruns et les lumières du quartier Rouge.

Les incontournables

Palais royal (Koninklijk Paleis)

Jordaan et les canaux ouest **(p. 42)**

Jordaan fourmille de pubs chaleureux et de galeries d'art. Les canaux ouest, bordés de demeures d'époque et de boutiques originales, ont un charme fou.

Les incontournables

Maison d'Anne Frank (Anne Frank Huis)

Vondelpark et Vieux Sud **(p. 84)**

Les pelouses du Vondelpark, émaillées de sentiers, constituent le poumon vert d'Amsterdam. Le Vieux Sud renferme les plus importants musées de la ville.

Les incontournables

Musée Van Gogh

Rijksmuseum

Vondelpark

De Pijp **(p. 104)**

Multiculturel et branché, ce quartier s'est embourgeoisé. Mais le très animé Albert Cuypmarkt et les restaurants exotiques autour du marché restent les meilleurs endroits pour prendre le pouls de De Pijp.

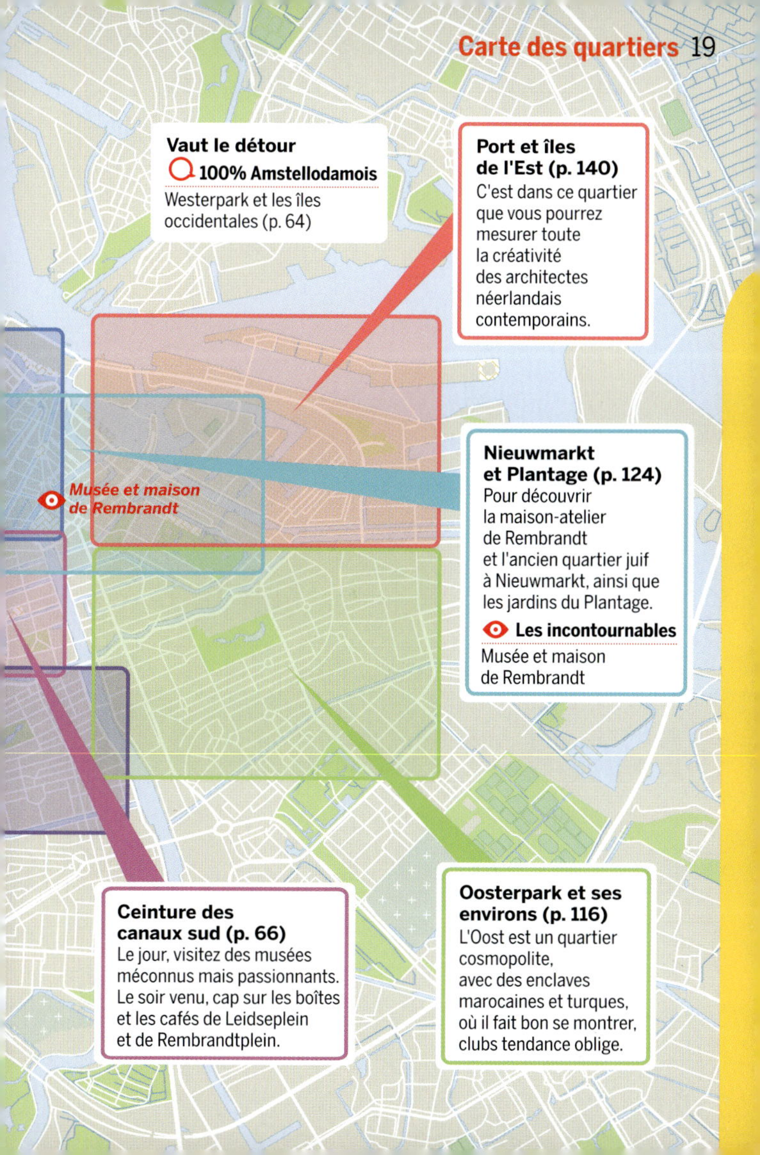

Vaut le détour

100% Amstellodamois

Westerpark et les îles occidentales (p. 64)

Port et îles de l'Est (p. 140)

C'est dans ce quartier que vous pourrez mesurer toute la créativité des architectes néerlandais contemporains.

Nieuwmarkt et Plantage (p. 124)

Pour découvrir la maison-atelier de Rembrandt et l'ancien quartier juif à Nieuwmarkt, ainsi que les jardins du Plantage.

Les incontournables

Musée et maison de Rembrandt

Ceinture des canaux sud (p. 66)

Le jour, visitez des musées méconnus mais passionnants. Le soir venu, cap sur les boîtes et les cafés de Leidseplein et de Rembrandtplein.

Oosterpark et ses environs (p. 116)

L'Oost est un quartier cosmopolite, avec des enclaves marocaines et turques, où il fait bon se montrer, clubs tendance oblige.

Explorer Amsterdam

Un canal au lever du soleil
DENNIS VAN DE WATER / SHUTTERSTOCK ©

Explorer

Centre-ville

Cœur battant d'Amsterdam, le centre médiéval abrite le Palais royal sur sa place principale. Se perdre dans ses ruelles, à la découverte de cafés du XVIIe siècle, de jardins cachés et de boutiques étonnantes, permet d'en apprécier tout le charme. Quant au fameux quartier Rouge, loin d'être infréquentable, il rassemble de beaux bars anciens et la remarquable Oude Kerk, une église du XIVe siècle.

L'essentiel en un jour

Faites le plein de café et de pâtisseries chez **Gartine** (p. 30), pas très éloigné de la cour secrète du **Béguinage** (p. 28). Faites aussi un tour à l'**Amsterdam Museum** (p. 28) pour vous familiariser avec l'histoire locale, puis rendez-vous sur la place du **Dam** (p. 30), où la ville a été fondée et où s'élèvent la **Nieuwe Kerk** (p. 29) du XVe siècle et le **Palais royal** (p. 24) du XVIIe siècle.

Prenez un sandwich au **'Skek** (p. 33), avant d'aller explorer le quartier Rouge. Outre les fameuses devantures, vous y découvrirez l'**Oude Kerk** (p. 28), vieille de 700 ans, où sont enterrées quelques célébrités, tandis que l'**Ons' Lieve Heer op Solder** (p. 28) cache une église remplie de reliques derrière sa façade en bordure de canal. Si le cœur vous en dit, achevez votre visite du quartier en passant par **Mr B** (p. 41) et **Casa Rosso** (p. 38), des sex-shops, en descendant Warmoesstraat ou Oudezijds Achterburgwal.

Dégustez un *stamppot* et d'autres spécialités néerlandaises chez **Haesje Claes** (p. 33). Pour goûter au *jenever* (genièvre), accoudez-vous au bar du **Wynand Fockink** (p. 34) ou de l'**In de Olofspoort** (p. 36). **Hoppe** (p. 35), sur le Spui, est le rendez-vous des intellectuels de la ville.

Les incontournables

Le meilleur du quartier

Se restaurer

Prendre un verre et sortir

Musées et galeries

Comment y aller

Tram La plupart des 15 lignes de tram passent par le quartier en direction de Centraal Station. Les plus fréquents sont les trams 4, 9, 16 et 24 (via le Dam) et les trams 1, 2 et 5 (via le Spui).

Bateau Des ferries gratuits relient Amsterdam-Noord, au départ des quais situés derrière Centraal Station.

Les incontournables

Palais royal (Koninklijk Paleis)

Bienvenue dans la demeure des souverains des Pays-Bas, ouverte au public quand ils s'absentent. Ancien hôtel de ville (*stadhuis*), le palais a été achevé en 1665. Dans sa volonté de montrer les richesses d'Amsterdam, l'architecte Jacob van Campen n'a reculé devant rien pour rivaliser avec les édifices européens les plus grandioses de l'époque. Le résultat est absolument somptueux.

Plan p. 26, B5

620 40 60

www.paleisamsterdam.nl

Le Dam

adulte/enfant 10 €/gratuit

10h-17h

4/9/16/24 Dam

Le Palais royal lors de la Journée nationale de la tulipe

À ne pas manquer

Le tribunal

Commencez votre visite par le tribunal du rez-de-chaussée, où les magistrats condamnaient autrefois à mort. Les sculptures de crânes et de serpents renforcent l'austérité des lieux.

Les trésors du palais

La plupart des salles du palais à visiter sont rassemblées au 1er étage, qui regorge de lustres damassés (désormais pourvus de 51 ampoules au total), de pendules dorées et de riches tableaux signés Ferdinand Bol ou Jacob de Wit. Le vaste *burgerzaal* (salle dite des Bourgeois, ou salle de réception), au cœur de l'édifice, a été conçu comme une représentation du monde, avec Amsterdam en son centre. Les cartes incrustées dans le sol montrent les hémisphères Est et Ouest, avec la voûte céleste (1654) au milieu.

Les cadeaux du roi Louis

En 1808, le bâtiment devient le palais du roi Louis, frère de Napoléon Bonaparte. Maîtrisant mal le néerlandais, Louis (né en France) dit à ses sujets qu'il était le "lapin (*konijn*) de Hollande", un terme proche de *konink* qui veut dire "roi". Napoléon Ier le destitue deux ans plus tard, mais Louis laissera derrière lui quelque mille pièces de mobilier et d'objets décoratifs de style Empire, soit l'une des plus importantes collections au monde.

Le palais aujourd'hui

Officiellement, le roi Willem-Alexander vit ici et s'acquitte d'un loyer symbolique, mais son véritable domicile est à La Haye. Le palais sert encore pour des cérémonies officielles, en particulier lors de l'accueil de chefs d'État étrangers.

À savoir

- Prenez un audioguide gratuit au guichet après l'entrée (disponible en français), très utile étant donné la signalétique limitée.
- Le palais est fermé lors des cérémonies officielles, en particulier aux mois d'avril, de mai, novembre et décembre. Vérifiez les horaires sur le site Internet.
- Les billets électroniques (sans supplément) permettent de couper les files d'attente. Ils sont acceptés aussi bien sous forme imprimée que sur téléphone portable ou tablette.
- L'affluence est plus réduite en fin d'après-midi.

Une petite faim ?

Savourez le fameux hareng néerlandais sur un pain blanc moelleux du Rob Wigboldus Vishandel (p. 32), ou sirotez une bière goûteuse au Café Belgique (p. 35).

Nos adresses
Les incontournables p. 24
Voir p. 28
Se restaurer p. 30
Prendre un verre p. 34
Sortir p. 38
Shopping p. 39
A
B
C
D
E
1
2
3
4
Centraal Station
Centraal Station (côté ouest)
Centraal Station
Centraal Station (côté est)
Stationsplein
Centre d'information des visiteurs
Open Havenfront
Prins Hendrikkade
Damrak
Nieuwbrugsteeg
Schreierstoren
8
Oudezijds Kolk
Geldersekade
Zeedijk
24
21
18
27
29
14
Stormst
40
30
Warmoesstr
Ons' Lieve Heer op Solder
4
Lange Niezel
Oudezijds Voorburgwal
Oude Kerk
2
46
45
20
31
Oudebrugst
Beursst
Sexmuseum Amsterdam
9
Hasselaerssteeg
Kolkst
Nieuwendijk
St Jacobsstr
Nieuwezijds Kolk
Onze Lieve Vrouwest
Beursplein
42
D van Hasseltst
Nieuwe Nieuwstr
St Nicolaasstr
25
Zoutst
Gravenstr
Nieuwe Kerk
Nieuwezijds Voorburgwal
Lijnbaansst
Nieuwendijk
Stromarkt
33
Kogggestr
Spuistr
Oude Nieuwstr
Singel
Panaalst
Droogbak
Binnen Vissersstr
Brouwersgracht
Langestr
Herengr
Herengracht
Blauwburgwal
Herenstr
Bergstr
Torensluis
Torenst
Molst
JORDAAN
Keizersgr

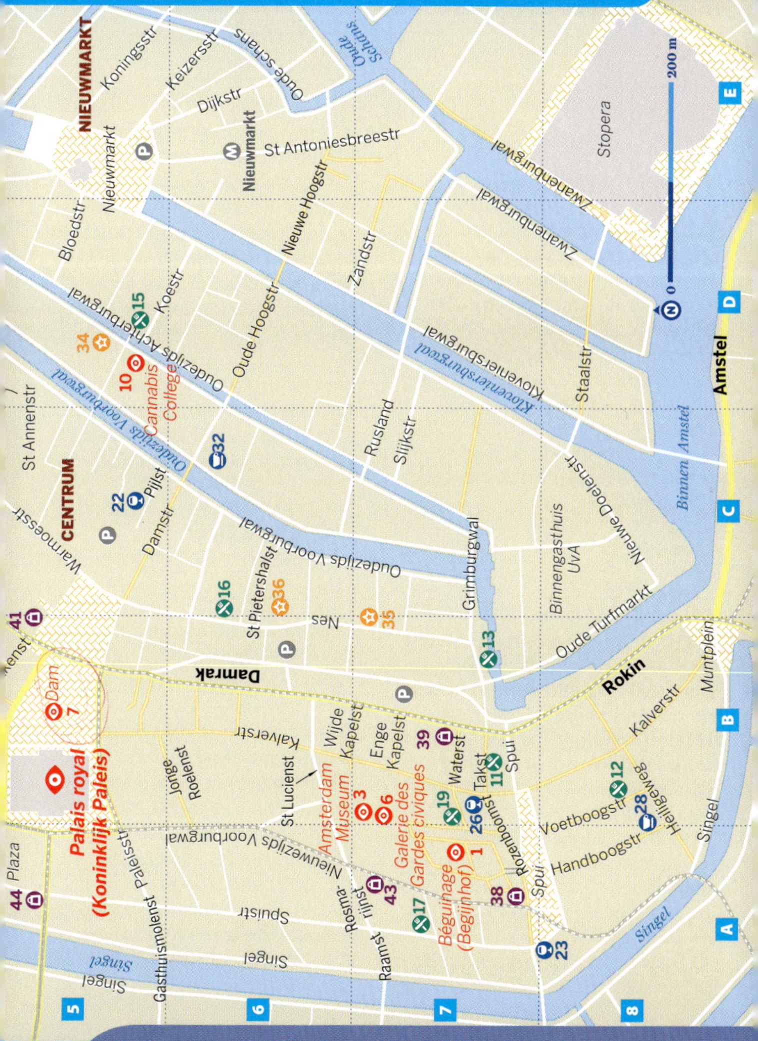
NIEUWMARKT
Koningsstr
Keizersstr
Oude Schans
Oude Schans
Dijkstr
Nieuwmarkt
Nieuwmarkt
St Antoniesbreestr
Bloedstr
Nieuwe Hoogstr
Zandstr
Koestr
Oudezijds Achterburgwal
Oude Hoogstr
Zwanenburgwal
Zwanenburgwal
Stopera
200 m
0
Kloveniersburgwal
Kloveniersburgwal
Staalstr
Amstel
Binnen Amstel
Cannabis College
Oudezijds Voorburgwal
St Annenstr
CENTRUM
Rusland
Slijkstr
Pijlst
Damstr
Warmoesstr
Nieuwe Doelenstr
Binnengasthuis UvA
Oudezijds Voorburgwal
Grimburgwal
St Pietershalst
Nes
Oude Turfmarkt
Damrak
Dam
Rokin
Muntplein
Kalverstr
Kalverstr
Palais royal (Koninklijk Paleis)
Jonge Roelenst
St Lucienst
Wijde Kapelst
Enge Kapelst
Amsterdam Museum
Waterst
Takst
Spui
Galerie des Gardes civiques
Voetboogstr
Heiligeweg
Handboogstr
Rozenboomst
Béguinage (Begijnhof)
Spui
Nieuwezijds Voorburgwal
Rosmarijnst
Raamst
Spuistr
Singel
Singel
Singel
Singel
Paleisst
Gasthuismolenst
Plaza
A
B
C
D
E
5
6
7
8
1
3
6
7
10
11
12
13
15
16
17
19
22
23
26
28
32
34
35
36
38
39
41
43
44

Voir

Béguinage (Begijnhof)

COUR INTÉRIEURE

1 Plan p. 26, A7

Cet ancien couvent remonte au XIVe siècle. Oasis de paix surréaliste, le Béguinage est une cour entourée de petites maisons et de jardins. Les béguines formaient un ordre catholique de femmes célibataires ou veuves qui s'occupaient des personnes âgées et menaient une vie pieuse sans prononcer de vœux monastiques. La dernière vraie béguine mourut en 1971. (622 19 18 ; www.begijnhofamsterdam.nl ; en retrait de Gedempte Begijnensloot ; entrée libre ; 9h-17h ; 1/2/5 Spui)

Oude Kerk

ÉGLISE

2 Plan p. 26, D4

Bâtiment le plus ancien d'Amsterdam (1306), cette église donne lieu à une fascinante contradiction morale, puisqu'elle est entourée de vitrines du quartier Rouge. À l'intérieur, admirez l'orgue Müller, les étonnantes stalles sculptées et, au sol, les tombes d'Amstellodamois célèbres (telle l'épouse de Rembrandt, Saskia van Uylenburgh). L'église accueille souvent des expositions d'art. Possibilité de monter dans la tour lors d'une visite guidée. (Vieille église ; 625 82 84 ; www.oudekerk.nl ; Oudekerksplein 23 ; adulte/enfant 7,50 €/gratuit ; 10h-18h lun-sam, 13h-17h30 dim ; 4/9/16/24 Dam)

Amsterdam Museum

MUSÉE

3 Plan p. 26, B7

Le musée historique de la Ville est à la pointe de la modernité, grâce à de constantes rénovations. Commencez par la salle multimédia, qui résume mille ans d'histoire amstellodamoise en sept temps forts. Explorez ensuite les étages inférieurs, à la découverte d'objets religieux, de porcelaines et de peintures. Admirez *La Leçon d'anatomie du docteur Deijman* de Rembrandt. Si vous avez un smartphone, vous pourrez lire les flashcodes des pièces exposées pour plus d'informations. (523 18 22 ; www.amsterdammuseum.nl ; Kalverstraat 92 ; adulte/enfant 12/6 € ; 10h-17h ; 1/2/5 Spui)

Ons' Lieve Heer op Solder

ÉGLISE, MUSÉE

4 Plan p. 26, D4

Construite au milieu du XVIIe siècle, en pleine époque calviniste, l'église catholique Notre-Père-dans-le-Grenier était cachée dans les étages supérieurs d'une demeure au bord du canal. La visite fait passer par des escaliers labyrinthiques et mène dans le lieu de culte qui compte deux niveaux. Un projet de restauration de plusieurs années s'étant achevé fin 2015, l'intérieur est désormais étincelant. (624 66 04 ; www.opsolder.nl ; Oudezijds Voorburgwal 40 ; adulte/enfant 9/4,50 € ; 10h-17h lun-sam, 13h-17h dim ; 4/9/16/24 Centraal Station)

MANFRED HOFER / GETTY IMAGES ©

Le Béguinage (Begijnhof)

Nieuwe Kerk

ÉGLISE

5 Plan p. 26, B4

Lieu historique des couronnements royaux, cette basilique gothique de la fin du XVe siècle n'est "nouvelle" que par rapport à l'Oude Kerk. Plusieurs pièces monumentales dominent l'intérieur par ailleurs assez spartiate – magnifique chœur sculpté en chêne, jubé de bronze, orgue imposant et immenses vitraux. Le bâtiment accueille désormais des expositions et des concerts d'orgue. Les heures d'ouverture et le prix d'entrée peuvent varier. (Nouvelle église ; 638 69 09 ; www.nieuwekerk.nl ; place du Dam ; entrée 8-16 € ; 10h-17h ; 1/2/4/5/9/16/24 Dam)

Galerie des Gardes civiques

TABLEAUX

6 Plan p. 26, B7

Située dans une allée à côté de l'entrée du musée, cette captivante galerie fait partie de l'Amsterdam Museum. Elle expose de grands portraits allant des gardes médiévaux peints en groupe durant le Siècle d'or néerlandais (dans le syle de *La Ronde de nuit* de Rembrandt, aujourd'hui exposée au Rijksmuseum, p. 90) aux icônes plus modernes de la ville tels Anne Frank, Alfred Heineken ou encore une personnification d'Amsterdam, tatouée et fumant un joint. (Kalverstraat 92 ; entrée libre ; 10h-17h ; 1/2/5 Spui)

Dam

PLACE

7 Plan p. 26, B5

C'est à cet endroit précis qu'Amsterdam fut fondée, vers 1270. Aujourd'hui surtout fréquentée par les pigeons, les touristes et les artistes de rue, la place accueille parfois les manèges d'une fête foraine. C'est aussi un lieu de rassemblement national, où se tiennent les grands discours et les manifestations. (4/9/16/24 Dam)

Schreierstoren

ÉDIFICE HISTORIQUE

8 Plan p. 26, E3

Construite vers 1480, cette tour faisait partie des remparts de la ville. C'est de là que Henry Hudson partit pour le Nouveau Monde en 1609 (plaque à l'extérieur). L'édifice fut aussi le point de ralliement des femmes venant dire adieu aux navires en partance. (www.schreierstoren.nl ; Prins Hendrikkade 94-95 ; 4/9/16/24 Centraal Station)

Sexmuseum Amsterdam

MUSÉE

9 Plan p. 26, D3

Ce "musée du sexe" expose des répliques d'assiettes pornographiques de Pompéi, des bronzes viennois érotiques du XIVe siècle, certaines des plus anciennes photos de nus au monde, un automate exhibitionniste en trench-coat, et une boîte à musique jouant "Edelweiss" et montrant un couple dérangé dans ses ébats. Bien plus amusant que les autres musées érotiques du quartier Rouge. (www.sexmuseumamsterdam.nl ; Damrak 18 ; entrée 4 €, interdit aux moins de 16 ans ; 9h30-23h30 ; 1/2/5/13/17 Centraal Station)

Cannabis College

CENTRE CULTUREL

10 Plan p. 26, D5

Ce centre à but non lucratif dispense aux visiteurs conseils et informations sur la consommation de cannabis, tout en faisant le point sur les lois en vigueur. Après la visite des expositions, vous pouvez essayer un vaporisateur (3 € ; c'est au visiteur de fournir son cannabis) ou aller voir les plants de marijuana qui poussent dans le jardin (3 € ; photos autorisées). (423 44 20 ; www.cannabiscollege.com ; Oudezijds Achterburgwal 124 ; 11h-19h ; 4/9/16/24 Dam)

Se restaurer

Gartine

CAFÉ €

11 Plan p. 26, B7

De succulents gâteaux, sandwichs et salades, préparés avec des produits frais. Sa cuisine *slow food* et ses belles assiettes anciennes en font une excellente adresse dans le quartier, par ailleurs plutôt tristounet, de Kalverstraat. Le thé complet est un régal. (320 41 32 ; www.gartine.nl ; Taksteeg 7 ; plats 6-12 €, thé complet 16-25 € ; 10h-18h mar-dim ; ; 4/9/14/16/24 Spui/Rokin)

Vleminckx

FAST-FOOD €

12 Plan p. 26, B8

Spécialiste des frites depuis 1887, Vleminckx est installé dans cette échoppe près du Spui depuis plus de 50 ans. Les délicieuses frites sont accompagnées de mayonnaise,

Comprendre

Quartier Rouge et prostitution légale

Même si l'office du tourisme souhaiterait le contraire, ce quartier appelé De Wallen ("les Quais") reste une curiosité incontournable d'Amsterdam. Le plus surprenant, en fait, est sans doute qu'il n'a rien d'un repaire sordide. Certes, les jeunes hommes en virée le week-end ne donnent pas forcément dans le bon goût, mais l'endroit n'en demeure pas moins le "quartier du vice" le plus sûr au monde.

Une industrie comme les autres

Pour les Néerlandais, la prostitution légale est une industrie comme les autres. On éprouve cependant une drôle d'impression en posant les yeux pour la première fois sur les femmes dans les vitrines, éclairées par des lumières rouges mais aussi par des lampes noires qui soulignent la blancheur de leur lingerie (abstenez-vous de les photographier : par respect, d'abord, et pour ne pas voir votre appareil jeté dans un canal par les gardes du corps de ces dames).

Il y a des sections spécialisées – un autocollant "NL" sur une devanture indique qu'on parle néerlandais, d'autres vitrines sont occupées par des femmes d'origine étrangère : surinamiennes, russes ou hispanophones – et, bien sûr, chaque prostituée fait sa propre réclame. Les femmes paient pour occuper une devanture pour 8 à 10 heures de travail. Elles s'acquittent aussi d'un impôt sur le revenu calculé d'après les estimations de la ville en matière de fréquentation touristique. Selon le Bureau central des statistiques, cette industrie générerait environ 650 millions d'euros par an.

Trompettersteeg, la ruelle la plus étroite de la ville (1 m de largeur ; son entrée est au sud de l'Oude Kerk), est déconseillée aux mineurs.

La fin du quartier Rouge ?

Ces dernières années, la municipalité a réduit le nombre de vitrines, arguant des problèmes de criminalité et non de moralité. Souteneurs, trafiquants et blanchisseurs d'argent entraîneraient le quartier sur une mauvaise pente. Les opposants dénoncent un conservatisme grandissant des officiels et affirment que la lutte contre le crime n'est qu'un prétexte.

À mesure que la prostitution décroît, les studios de mode, les galeries d'art et les cafés tendance s'emparent des espaces vacants grâce à un programme proposant des loyers bas et d'autres aides aux commerces. À l'heure actuelle, plus d'un cinquième des 482 vitrines ont été fermées.

mais d'autres sauces sont proposées moyennant supplément (ketchup, cacahuète, mayonnaises épicées...). (vleminckxdesausmeester.nl ; Voetboogstraat 31 ; frites 2,10-4,10 €, sauces 0,60 € ; 12h-19h dim et lun, 11h-19h mar, mer, ven et sam, jusqu'à 20h jeu ; 1/2/5 Koningsplein)

De Laatste Kruimel CAFÉ €

13 Plan p. 26, B7

On ne sait quoi regarder en premier : la charmante déco intérieure à base d'objets chinés au Noordermarkt et de meubles en palettes recyclées ? Ou les vitrines pleines de tartes, quiches, pains et gâteaux ? Avec ses merveilleux sandwichs bio, "la dernière miette" attire une clientèle hétéroclite mêlant grand-mères et petits enfants, couples d'amoureux et tout un chacun. (423 04 99 ; www.delaatstekruimel.nl ; Langebrugsteeg 4 ; plats 2-9 € ; 8h-20h lun-sam, 9h-20h dim ; 4/9/14/16/24 Spui/Rokin)

100% amstellodamois

Rob Wigboldus Vishandel

Oasis de trois tables en plein cœur du quartier touristique, **Rob Wigboldus Vishandel** (626 33 88 ; Zoutsteeg 6 ; sandwichs 2,50-4,50 € ; 9h-17h mar-sam ; 4/9/16/24 Dam) est une adresse authentique où déguster l'une des meilleures spécialités de la ville : le hareng frais, servi sur tout un choix de pains blancs ou bruns, avec des oignons et des pickles de légumes.

Thais Snackbar Bird THAÏLANDAIS €€

14 Plan p. 26, E4

Ne le dites pas aux restaurateurs chinois voisins, mais c'est ici que l'on mange la meilleure cuisine asiatique du Zeedijk : les cuisiniers, serrés dans un petit espace, sont généreux en citronnelle, sauce au poisson ou piment. (420 62 89 ; www.thai-bird.nl ; Zeedijk 77 ; plats 9-16 € ; 14h-22h ; 4/9/16/24 Centraal Station)

Blauw aan de Wal INTERNATIONAL €€€

15 Plan p. 26, D5

Une rose au milieu des mauvaises herbes : une longue entrée souvent recouverte de graffitis, au milieu du quartier Rouge, mène à ce jardin d'Éden. Ancien entrepôt à herbes du XVIIe siècle, cet espace blanc, avec briques apparentes, couvre plusieurs étages et possède encore d'anciens poids et systèmes de mesures. Très sympathique, le personnel saura vous guider à travers la carte, d'inspiration française et italienne. En été, le jardin romantique est des plus agréables. (330 22 57 ; www.blauwaandewal.com ; Oudezijds Achterburgwal 99 ; menu 3/4 plats 55/67,50 € ; 18h-23h30 mar-sam ; 4/9/16/24 Dam)

Van Kerkwijk INTERNATIONAL €€

16 Plan p. 26, C6

Une adresse si discrète que l'on pourrait la manquer. Les habitués ne s'y trompent pourtant pas, comme le prouvent les petites tables de bois prises d'assaut. L'établissement ne prend pas de réservations et il n'y a

CREATIVENATURE NL / GETTY IMAGES ©

Oude Kerk (p. 28)

pas de menu, si bien qu'il vous faut attendre que le serveur vous indique les plats proposés, qu'il s'agisse d'un curry indonésien, d'un tajine nord-africain ou de plats français ou italiens. (www.caferestaurantvankerkwijk.nl ; Nes 41 ; plats 16-24 € ; 11h-1h ; 4/9/16/24 Dam)

Haesje Claes

NÉERLANDAIS TRADITIONNEL €€

17 Plan p. 26, A7

Un brin touristique, avec un intérieur chaleureux, des boiseries sombres et des bibelots anciens, c'est l'endroit idéal pour goûter à une bonne soupe aux pois ou un *stamppot* (purée de pommes de terre et de légumes, accompagnée de viande ou de saucisse fumée). Les entrées permettent de déguster plusieurs poissons néerlandais. (624 99 98 ; www.haesjeclaes.nl ; Spuistraat 273-275 ; plats 16-26 €, menu à partir de 32,50 € ; 12h-22h ; ; 1/2/5 Spui)

'Skek

CAFÉ €€

18 Plan p. 26, D3

Tenu par des étudiants pour des étudiants (25% de réduction sur présentation d'une carte), ce café-bar amusant et agréable est idéal pour manger sain. Des musiciens jouent parfois le soir (le bar est ouvert jusqu'à 1h en semaine, 3h le week-end). (427 05 51 ; www.skek.nl ; Zeedijk 4-8 ; sandwichs 4-7 €, plats 12-14 € ; 16h-22h lun, 12h-22h mar-dim ; ; 4/9/16/24/25 Centraal Station)

Dam (p. 30)

Tomaz

FRANÇAIS, NÉERLANDAIS **€€**

19 Plan p. 26, B7

Niché à proximité du Béguinage, le charmant petit Tomaz est agréable pour un déjeuner ou un dîner sans prétention, accompagné, bien sûr, d'une bouteille de vin. Un plat du jour végétarien est toujours disponible et il est possible de s'attarder un peu autour d'un jeu d'échecs. (320 64 89 ; www.tomaz.nl ; Begijnensteeg 6-8 ; plats 15-20 € ; 12h-22h ; ; 1/2/5 Spui)

Anna

NÉERLANDAIS MODERNE **€€€**

20 Plan p. 26, C4

En voilà du contraste : d'un côté, les élégantes nappes blanches du restaurant Anna, avec leurs assiettes de lotte à la sauce curry ou de risotto au veau et à la truffe, et à deux pas le plus vieux métier du monde qui s'exerce au grand jour. Le restaurant se trouve juste à côté de l'Oude Kerk et des vitrines du quartier Rouge.
La très belle carte de vins bio et du monde entier permet d'accompagner à merveille les plats superbement exécutés. (428 11 11 ; www.restaurantanna.nl ; Warmoesstraat 111 ; plats 19-26 €, menu 4 plats 47,50 € ; 18h-22h30 lun-sam ; 4/9/16/24 Dam)

Dwaze Zaken

CAFÉ **€€**

21 Plan p. 26, D3

Oasis de calme dans la frénésie du quartier Rouge, ce café décoré de mosaïques dispose de grandes fenêtres et d'une belle carte de sandwichs épicés, soupes de légumes et fondues inventives. Beau choix de bières (avec beaucoup de belges). Musique jazz live et dîner à 7 € le lundi soir. (612 41 75 ; www.dwazezaken.nl ; Prins Hendrikkade 50 ; sandwichs 7-8 €, plats 17-20 € ; 9h-minuit lun-sam, 9h-17h30 dim ; 4/9/16/24 Centraal Station)

Prendre un verre

Wynand Fockink

MAISON DE DÉGUSTATION

22 Plan p. 26, C5

Dans un passage, derrière le Grand Hotel Krasnapolsky, ce petit établissement (fondé en 1679) propose un grand choix de *jenever* et liqueurs à déguster debout (ni chaises ni tabourets), dans un cadre intime. Des guides proposent des visites en anglais de la distillerie et des dégustations (six échantillons) le week-end à 15h, 16h30, 18h et 19h30 (17,50 €, réservation facultative). (www.wynand-fockink.nl ; Pijlsteeg 31 ; 15h-21h ; 4/9/16/24 Dam)

Hoppe

CAFÉ BRUN

23 Plan p. 26, A8

Hoppe affiche un panel très varié de bières depuis 340 ans, dans une salle tamisée, ornée de boiseries anciennes. La clientèle éclectique et tapageuse déborde souvent sur le trottoir. Notez que Hoppe se divise en deux parties : le traditionnel café brun et un pub moderne avec terrasse, juste à côté (entrée sur la gauche). (www.cafehoppe.com ; Spui 18-20 ; 8h-1h ; 1/2/5 Spui)

Café In 't Aepjen

CAFÉ BRUN

24 Plan p. 26, E3

Des bougies se consument en journée dans ce bar qui occupe une maison du XVIe siècle, l'une des deux seules en bois existant encore à Amsterdam. Aux XVIe et XVIIe siècles, les marins d'Extrême-Orient, qui avaient souvent avec eux des *aapjes* (singes), faisaient étape ici pour la nuit. D'où le nom de l'établissement. (Zeedijk 1 ; 12h-1h lun-jeu, jusqu'à 3h ven et sam ; 4/9/16/24 Centraal Station)

Café Belgique

BAR À BIÈRES

25 Plan p. 26, B4

Prenez place sur un tabouret du bar en bois sculpté de cet établissement et faites votre choix parmi les huit pressions et la trentaine de bières en bouteille, toutes brassées en Belgique. L'ambiance typiquement *gezellig* (conviviale) attire une clientèle nombreuse et décontractée. Concerts et DJ certains soirs. (www.cafe-belgique.nl ; Gravenstraat 2 ; 15h-1h ; 4/9/16/24 Dam)

Café de Dokter

CAFÉ BRUN

26 Plan p. 26, B7

Plein de cachet et légèrement inquiétant, le Café de Dokter serait le plus petit café d'Amsterdam. Des bougies éclairent les tables, de vieux disques de jazz passent en fond sonore et plusieurs siècles de poussière recouvrent les lustres et les cages

À savoir

Café ou coffee shop ?

"Café" et "*coffee shop*" ne désignent pas du tout la même chose aux Pays-Bas. Le café est un bar classique, tandis qu'un *coffee shop* est un établissement où l'on peut fumer de la marijuana, mais qui ne sert pas d'alcool.

À Amsterdam, les cafés sont des lieux conviviaux où les clients peuvent rester des heures pour lire, discuter avec des amis ou manger un morceau. Les "cafés bruns" traditionnels, qui doivent leur nom à leurs murs roussis par des siècles de fumée, en sont le plus bel exemple. S'arrêter dans l'un de ces établissements douillets, éclairés à la bougie, est un plaisir typiquement amstellodamois.

à oiseaux accrochées au plafond. Spécialité de whisky et de saucisses fumées au bœuf, mais il y a aussi un bon choix de bières. (☎626 44 27 ; www.cafe-de-dokter.nl ; Rozenboomsteeg 4 ; ⏲16h-1h mar-sam ; 🚊1/2/5 Spui)

In de Olofspoort

CAFÉ BRUN

27 🍷 Plan p. 26, D3

L'entrée de ce café brun était autrefois la porte de la ville. Certains habitués ont leur bouteille de *jenever* attitrée. Admirez le choix impressionnant de bouteilles derrière la salle du fond. Concerts occasionnels. (☎624 39 18 ; www.olofspoort.com ; Nieuwebrugsteeg 13 ; ⏲16h-12h30 mar-jeu, 15h-1h30 ven-sam, 15h-22h dim ; 🚊4/9/16/24 Centraal Station)

Dampkring

COFFEE SHOP

28 🍷 Plan p. 26, B8

Avec un intérieur qui n'est pas sans rappeler une lampe à lave géante, Dampkring est un lauréat régulier de la Cannabis Cup et il est connu pour avoir l'une des cartes les plus complètes de la ville en la matière (avec même des détails sur le parfum, le goût et l'effet). Son nom est une référence à l'atmosphère terrestre, dans laquelle les petits objets spatiaux entrent en combustion. (www.dampkring-coffeeshop-amsterdam.nl ; Handboogstraat 29 ; ⏲10h-1h ; 📶 ; 🚊1/2/5 Koningsplein)

> À savoir
>
> **Genièvre, mode d'emploi**
>
> Dans les maisons de dégustation, le *jenever* (genièvre) est servi dans un verre rempli à ras bord. Impossible de le prendre sans en renverser. La solution ? Se pencher au-dessus du bar, les mains derrière le dos, et prendre une grosse gorgée. C'est en tout cas ce que la tradition exige.

't Mandje

GAY

29 🍷 Plan p. 26, E4

Le plus ancien bar gay d'Amsterdam a ouvert en 1927, puis fermé en 1982, quand le Zeedijk est devenu trop malfamé. Toutefois, son intérieur empli de babioles n'a cessé d'être dépoussiéré avec amour jusqu'à sa réouverture, en 2008. Les barmans ne manquent pas d'anecdotes sur la fondatrice du lieu, une lesbienne exubérante. L'une des adresses les plus *gezellig* du centre, que l'on soit gay ou hétéro. (www.cafetmandje.nl ; Zeedijk 63 ; ⏲17h-1h mar-jeu, 16h-1h ven, 15h-1h sam-dim ; 🚊4/9/16/24 Centraal Station)

Brouwerij De Prael

BAR À BIÈRES

30 🍷 Plan p. 26, D3

La salle de dégustation de la brasserie De Prael sert des bières bio (Scotch ale, IPA, barley wine et de nombreux autres styles) et emploie des personnes souffrant de maladies mentales. La clientèle jeune apprécie les ragoûts et autres plats locaux à prix doux, qu'on savoure dans des canapés confortables, accoudé à de robustes tables en bois. Concerts certains soirs. (☎408 44 69 ; www.deprael.nl ; Oudezijds Armsteeg 26 ;

Comprendre
Le coffee shop, légal ou non ?

Contrairement aux idées reçues, le cannabis n'est pas *techniquement* légal aux Pays-Bas, mais largement toléré. La détention et l'achat de petites quantités (5 g) de "drogues douces" (marijuana, haschich et truffes magiques) sont autorisés, et les consommateurs ne sont pas poursuivis s'ils fument ou possèdent cette quantité. Les *coffee shops* accueillent donc des activités illégales mais tolérées – une tolérance qui va peut-être atteindre prochainement ses limites à l'égard des étrangers.

Produits en vente

La plupart des produits cannabiques vendus aux Pays-Bas étaient auparavant importés, mais aujourd'hui le pays produit une herbe locale, la *nederwiet*. C'est un produit particulièrement fort – les variétés les plus puissantes atteignent 15% de tétrahydrocannabinol (THC), la substance active qui fait planer (depuis 2011, tout ce qui est au-dessus de 15% est considéré comme une drogue dure et donc illégal). En bref, l'herbe hollandaise explose la tête (peut-être à un point qui n'est même pas agréable). Les personnes peu habituées au cannabis doivent faire particulièrement attention. Des *space cakes* et *space cookies* (gâteaux à base de haschisch ou de marijuana) sont aussi en vente dans les *coffee shops*. La plupart fournissent du papier à rouler ou des pipes, mais il est aussi possible d'acheter des joints tout faits.

À faire et à ne pas faire

Lonely Planet déconseille à tous ses lecteurs la consommation de drogues, même les plus "douces", qui modifient le comportement. Les visiteurs s'accordent pour dire que ces drogues sont puisssantes à Amsterdam. Ou demandez conseil au personnel du *coffee shop* pour savoir quoi consommer et tenez-y-vous, même si vous avez l'impression que rien ne se passe après une heure. Et demandez la carte des produits proposés. Ne buvez pas d'alcool (c'est interdit dans les *coffee shops*).

Fermetures de coffee shops

Dans certaines régions du pays, ils sont interdits aux étrangers. Ce n'est pas le cas à Amsterdam. La municipalité d'Amsterdam est souvent en désaccord avec le reste du pays en matière de politiques restrictives, car les *coffee shops* constituent une part importante de l'activité touristique, avec environ un tiers des touristes qui les visitent. Néanmoins, une bonne dizaine a dû fermer récemment, en accord avec les nouvelles lois interdisant la présence de *coffee shops* à proximité d'écoles. Il en reste encore plus de 150 en activité à Amsterdam.

12h-minuit lun-mer, jusqu'à 1h jeu-sam, jusqu'à 23h dim ; 4/9/16/24 Centraal Station)

Winston Kingdom

CLUB

31 Plan p. 26, C4

Voici un club qui plaît au plus grand nombre avec ses rythmes indés et alternatifs, ses DJ souriants et ses bonnes boissons. Qu'importe le thème de la soirée (qui va de "dubstep mayhem" à "Full Moon Party"), l'ambiance se réchauffe toujours facilement. (www.winston.nl ; Warmoesstraat 127, Hotel Winston ; 21h-4h dim-jeu, jusqu'à 5h ven-sam ; 4/9/16/24 Dam)

Greenhouse

COFFEE SHOP

32 Plan p. 26, C6

C'est l'un des *coffee shops* les plus prisés de la ville. Les clients y viennent pour la musique, les mosaïques multicolores, les vitraux psychédéliques et l'herbe de qualité. L'établissement peut également servir des petits-déjeuners, des déjeuners et des dîners pour tous types de faims. La clientèle est principalement composée de jeunes voyageurs. (www.greenhouse.org ; Oudezijds Voorburgwal 191 ; 9h-1h ; ; 4/9/16/24 Dam)

100% amstellodamois

Tweede Kamer

Avec ses panneaux de bois, **Tweede Kamer** (422 22 36 ; Heisteeg 6 ; 10h-1h ; 1/2/5 Spui) ressemble plus à un café brun qu'à un *coffee shop*. Mais il y a bien de l'herbe en vente et le choix est vaste. La clientèle est principalement locale.

Sortir

Bitterzoet

CONCERTS

33 Plan p. 26, C2

Toujours bondé, cet établissement, un des plus sympathiques d'Amsterdam, assure une programmation (concerts et DJ) très éclectique : afrobeat, musique latino, jazz, hip-hop... (www.bitterzoet.com ; Spuistraat 2 ; 20h-tard ; 1/2/5/13/17 Nieuwezijds Kolk)

Casa Rosso

THÉÂTRE PORNO

34 Plan p. 26, D5

Difficile de qualifier un sex show d'élégant. En tout cas, cette salle propre et confortable est toujours remplie de couples ou de jeunes en goguette. Les spectacles peuvent mettre en scène des positions du *Kama-sutra*, de la pole dance ou encore d'incroyables numéros avec des bougies. (www.casarosso.nl ; Oudezijds Achterburgwal 106-108 ; entrée avec/sans boisson 50/40 € ; 19h-2h ; 4/9/16/24 Dam)

Frascati

THÉÂTRE

35 Plan p. 26, B7

Ce théâtre expérimental attire de jeunes metteurs en scène, chorégraphes et producteurs néerlandais. Spectacles de danse et de musique (y compris hip-hop, rap et break dance). Consultez le site Internet pour connaître les soirées à venir. (626 68 66 ; www.frascatitheater.nl ; Nes 63 ; fermé août ; 4/9/14/16/24 Spui/Rokin)

De Brakke Grond

THÉÂTRE

36 Plan p. 26, C6

De Brakke Grond propose une programmation variée et de qualité : musique, vidéo expérimentale, danse moderne ou jeune théâtre flamand. Consultez le site Internet pour le programme à venir. (626 68 66 ; www.brakkegrond.nl ; Nes 45, Flemish Cultural Centre ; 4/9/14/16/24 Spui/Rokin)

Shopping

Condomerie Het Gulden Vlies

SEX-SHOP

37 Plan p. 26, C5

Parfaitement située dans le quartier Rouge, cette boutique vend des préservatifs de toutes les tailles, toutes les couleurs, tous les goûts et avec toutes formes de décors (cornes de diable, feuille de cannabis, faïence de Delft...), ainsi que des lubrifiants et des cadeaux coquins. (www.condomerie.com ; Warmoesstraat 141 ; 11h-18h lun-sam, 13-17h dim ; 4/9/14/16/24 Dam)

American Book Center

LIBRAIRIE

38 Plan p. 26, A7

Certes, il s'agit d'une vaste librairie anglo-saxonne, sans doute l'une des mieux approvisionnées du continent européen, mais l'ABC mérite aussi une visite, même par les non-anglophones, pour son architecture audacieuse et les manifestations culturelles que son équipe organise. On peut aussi y trouver des titres de la presse étrangère, ainsi que de belles cartes postales. (ABC ; www.abc.nl ; Spui 12 ; 12h-20h lun, 10h-20h mar-dim, 11h-18h30 dim ; 1/2/5 Spui)

À savoir

Truffes magiques

Les champignons hallucinogènes sont interdits aux Pays-Bas, mais les truffes magiques sont légales. On en trouve facilement dans les *smart shops*, des boutiques spécialisées dans les stimulants biologiques et les hallucinogènes naturels. Comme dans une pharmacie, interrogez le personnel sur le dosage et les effets, et suivez ses conseils. Chaque année, les infirmières des urgences doivent tenir la main de consommateurs qui se retrouvent à faire un “mauvais trip” pour ne pas avoir respecté le dosage recommandé. Enfin, même si cela va sans dire, n'achetez jamais rien dans la rue.

PGC Hajenius

CADEAUX

39 Plan p. 26, B7

Sans être connaisseur de cigares, une flânerie dans l'antre du tabac vous donnera un aperçu de la grandeur de jadis : vitraux Art déco, dorures, etc. Les habitués, dont certains membres de la famille royale, ont ici leurs coffrets privés. (www.hajenius.com ; Rokin 96 ; 12h-18h lun, 9h30-18h mar-sam, 12h-17h dim ; 4/9/14/16/24 Spui/Rokin)

Kokopelli

SMART SHOP

40 Plan p. 26, D3

Bel espace vendant des “truffes magiques” (psychotropes semblables aux psilocybes, ou “champignons magiques”, aujourd’hui prohibés). Sur place, un bar sert des jus de fruits et du café avec une vue imprenable sur le Damrak. (www.kokopelli.nl ; Warmoesstraat 12 ; 11h-22h ; 4/9/16/24 Centraal Station)

De Bijenkorf

GRAND MAGASIN

41 Plan p. 26, B5

Ce prestigieux grand magasin de 5 étages, face au Palais royal, attire des clients venus acheter des vêtements de créateurs, des jouets, des articles pour la maison ou des livres. Chaque étage abrite un petit restaurant ou un snack et des toilettes (gratuit). La cafétéria du dernier étage compte une terrasse avec vue imprenable. (www.debijenkorf.nl ; Dam 1 ; 11h-20h dim-lun, 10h-20h mar-mer, jusqu’à 21h jeu-ven, 9h30-20h sam ; 4/9/16/24 Dam)

100% amstellodamois

Marché aux livres d’Oudemanhuis

Pour flâner avec des professeurs à la recherche d’exemplaires originaux du *Capital* de Karl Marx, d’Aristote ou de grands classiques, rendez-vous au **marché aux livres d’Oudemanhuis** (Oudemanhuispoort ; 11h-16h lun-sam ; 4/9/14/16/24 Spui/Rokin). Ce vénérable petit bazar installé sous une allée couverte, entre Oudezijds Achterburgwal et Kloveniersburgwal, près de l’université d’Amsterdam, propose des livres d’occasion, parfois en langue étrangère.

Hema

GRAND MAGASIN

42 Plan p. 26, C4

Enseigne d’une chaîne célèbre proposant un large éventail de produits de qualité à des prix imbattables. (www.hema.nl ; Nieuwendijk 174 ; 9h-19h lun-ven, jusqu’à 18h sam, 12h-18h dim ; 4/9/16/24 Dam)

Gastronomie Nostalgie

ARTICLES DE MAISON

43 Plan p. 26, A7

Cet antiquaire va dans des ventes aux enchères à Paris et d’autres villes pour acquérir les belles assiettes de porcelaine, les verres, l’argenterie et autres articles de maison anciens qui remplissent sa boutique. Sonnez la cloche de cuivre pour entrer et prévoyez de chiner un bon moment. (www.gastronomienostalgie.nl ; 304 Nieuwezijds Voorburgwal ; 11h-17h ; 1/2/5 Spui)

By Popular Demand

CADEAUX

44 Plan p. 26, A5

Cadeaux chics et design dans cette boutique ensoleillée. Cartes sympa,

Le musée Ons' Lieve Heer op Solder (p. 28)

gadgets branchés, lampes tendance et autres accessoires remplissent les étagères. Beaucoup d'articles étant de petite taille, ils constituent des souvenirs idéals pour emporter dans sa valise. (☎624 52 31 ; Raadhuisstraat 2 ; ⌚10h-19h lun-sam, 11h-19h dim ; 🚋4/9/16/24 Dam)

Mr B

SEX-SHOP

45 🛍 Plan p. 26, D4

Sex-shop renommé du quartier Rouge : ensembles en cuir et latex, cagoules, matériel de bondage, le tout sur mesure si vous le souhaitez. Certains accessoires sont un peu effrayants. (www.misterb.com ; Warmoesstraat 89 ; ⌚10h30-19h lun-mer et ven, jusqu'à 21h jeu, 11h-18h sam, 13h-18h dim ; 🚋4/9/16/24 Dam)

RoB

SEX-SHOP

46 🛍 Plan p. 26, D4

RoB vend tout le nécessaire pour réaliser ses fantasmes en matière de bondage et de sexe violent : tenues militaires, cuir, latex... et ce n'est qu'un début. Les étagères sont bondées d'accessoires en tout genre, "Adonis pouch", etc. (www.rob.eu ; Warmoesstraat 71 ; ⌚11h-19h lun-sam, 13h-18h dim ; 🚋4/9/16/24 Centraal Station)

Explorer

Jordaan et canaux ouest

Quartier convivial plein de charme, le Jordaan s'apprécie dans ses bars animés, ses cafés bruns où la bière coule à flots et ses restaurants ornés de pots de fleurs débordant sur les ruelles. Les canaux ouest coulent juste à côté. Les majestueuses demeures anciennes et les petites boutiques originales qui les bordent sont une invitation à la flânerie.

L'essentiel en un jour

Commencez la journée en dégustant un pancake néerlandais, chez **Pancakes!** (p. 56) justement. Jetez un coup d'œil aux boutiques environnantes, puis traversez Prinsengracht pour tout savoir sur la vie sur les péniches au **Houseboat Museum** (p. 51).

Consacrez l'après-midi aux magnifiques canaux du quartier. Visitez le **Het Grachtenhuis** (p. 50), un musée qui raconte leur longue histoire. Puis longez le canal Herengracht et admirez les demeures du Siècle d'or. Déjeunez en bordure de canal au **De Belhamel** (p. 54). Les amateurs de photographie feront un détour par le **Huis Marseille** (p. 51).

Dirigez-vous vers la **maison d'Anne Frank** (Anne Frank Huis, p. 44) en début de soirée, quand l'affluence est moins importante. Au dîner, prenez le plat du jour du rustico-moderne **Balthazar's Keuken** (p. 52) ou attardez-vous autour d'un repas afghan au **Mantoe** (p. 55), avant d'aller prendre un dernier verre dans un café brun, au **'t Smalle** (p. 56), qui accueille souvent des concerts animés, ou au **De Twee Zwaantjes** (p. 57), où vous pourrez entonner des chansons avec les habitués.

Pour une journée de shopping dans le Jordaan et les canaux ouest, voir p. 46.

Les incontournables

Maison d'Anne Frank (p. 44)

100% amstellodamois

Shopping dans le Jordaan et les canaux ouest (p. 46)

Le meilleur du quartier

Se restaurer

Bistro Bij Ons (p. 54)

Prendre un verre et sortir

't Smalle (p. 56)

La Tertulia (p. 59)

Shopping

Noordermarkt (p. 47)

Frozen Fountain (p. 61)

Moooi Gallery (p. 61)

Tenue de Nîmes (p. 62)

SPRMRKT (p. 63)

Antiekcentrum Amsterdam (p. 46)

Comment y aller

Tram Pour les canaux ouest, les trams 13, 14 et 17 s'arrêtent près des magasins et des grandes attractions ; les trams 1, 2 et 5 à destination du Spui sont aussi tout proches. Pour le Jordaan, le tram 10, le long de Marnixstraat, est le plus approprié pour la partie ouest du quartier ; les trams 13 et 14, le long de Rozengracht, traversent le centre.

Les incontournables
Maison d'Anne Frank

La maison où l'adolescente juive vécut cachée, en compagnie des siens et d'une autre famille, afin d'échapper à la déportation, accueille près d'un million de visiteurs par an. Pénétrer dans l'annexe secrète, dissimulée derrière une bibliothèque coulissante, et découvrir l'endroit sombre et mal aéré où les Frank passèrent de longs mois renvoie à une époque qui paraît à la fois lointaine et tragiquement réelle.

Maison d'Anne Frank

Plan p. 48, C4

556 71 00

www.annefrank.org

Prinsengracht 267

adulte/enfant 9/4,50 €

9h-21h, horaires variables selon la saison

13/14/17 Westermarkt

Photos d'Anne Frank dans l'Anne Frank Huis

À ne pas manquer

Les occupants

La famille Frank – Otto, le père, Édith, la mère, Margot, la sœur aînée, et Anne – emménagent dans cette cachette en juillet 1942, en compagnie de M. et Mme Van Pels (qu'Anne appelle les Van Daans dans son journal) et leur fils, Peter. Cinq mois plus tard, Fritz Pfeffer (alias Albert Van Dussel) les rejoint. Le groupe vit là jusqu'à ce qu'il soit dénoncé à la Gestapo, en août 1944.

Bureaux et entrepôt

L'immeuble accueillait à l'origine l'entreprise spécialisée dans la pectine, utilisée pour la fabrication de confiture, d'Otto Frank. Dans les étages inférieurs, vous verrez les anciens bureaux de Victor Kugler, l'associé d'Otto, et ceux de Miep Gies, Bep Voskuijl et Jo Kleiman, trois salariées de l'entreprise qui fournissaient nourriture, vêtements et objets de première nécessité aux réfugiés.

Annexe secrète

À l'étage se trouve l'*achterhuis* ("arrière-salle"), l'annexe secrète, qui a conservé son austérité. Dans la minuscule chambre d'Anne, ses rêves de jeune fille sont encore visibles à travers les photos de stars hollywoodiennes et de la famille royale néerlandaise collées sur le mur.

Le journal

D'autres témoignages poignants sont visibles dans la maison principale, en particulier le célèbre journal, avec sa couverture écossaise, exposé seul dans une vitrine. Regardez la vidéo d'Hanneli Gosler, camarade de classe d'Anne Frank, qui raconte comment elle a retrouvé cette dernière à Bergen-Belsen. Lisez aussi les lettres déchirantes d'Otto, le seul occupant de l'annexe à avoir survécu aux camps.

À savoir

- Arrivez après 18h pour éviter la foule. L'attente peut durer plus d'une heure.
- Achetez vos billets à l'avance pour éviter la queue et entrer par un accès réservé (à gauche de l'entrée principale).
- Réservez votre visite (avec horaire précis) sur le site Internet (0,50 € supp) plusieurs jours à l'avance et imprimez vous-même les billets ou présentez-les en version numérique sur votre smartphone. Ou réservez auprès de l'office du tourisme de Centraal Station (1 € supp) jusqu'au jour même.

Une petite faim ?

Le café du musée sert des tartes aux pommes avec vue sur le canal. Pour des pancakes, des sandwichs et une belle ambiance XVIIIe siècle, rendez-vous au café 't Smalle (p. 56).

100% amstellodamois

Shopping dans le Jordaan et les canaux ouest

Voici les quartiers d'Amsterdam où l'on peut tomber sur des boutiques originales vendant des articles introuvables ailleurs. Rubans de velours ? Gouda au cumin ? Bijoux vintage ? Vous dénicherez tout cela dans les magasins et sur les marchés, tous rassemblés dans un réseau de ruelles où il fait bon se perdre le temps d'un après-midi.

❶ Chiner à l'Antiekcentrum

Quiconque aime les vieux objets et le bric-à-brac aura du mal à quitter l'**Antiekcentrum Amsterdam** (Centre d'antiquités d'Amsterdam ; www.antiekcentrumamsterdam.nl ; Elandsgracht 109 ; 🕘11h-18h lun et mer-ven, 11h-17h sam-dim ; 🚋7/10/17 Elandsgracht), un mini-centre commercial où on trouve de tout, des robes en soie des années 1940 aux films pornos suédois des années 1970. La Brasserie Blazer sert des plats français.

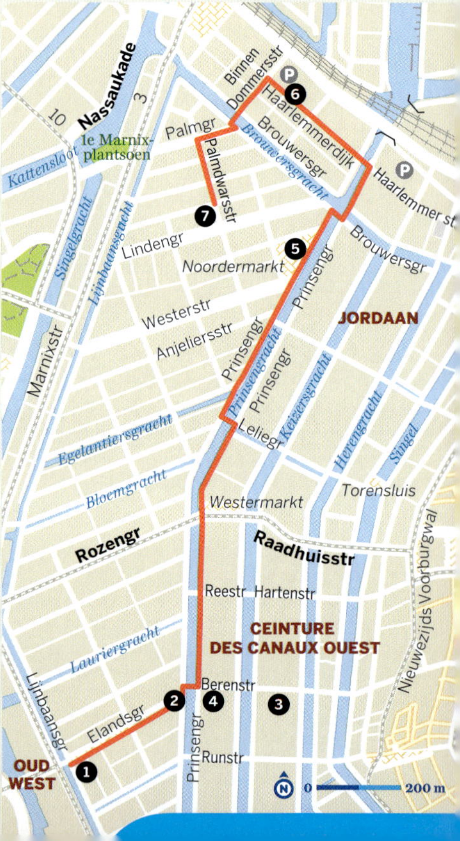

❷ Chanter à Johnny Jordaanplein

La petite place **Johnny Jordaanplein** (Angle Prinsengracht et Elandsgracht ; 🚋13/14/17 Westermarkt) est dédiée au héros et interprète local de chansons sentimentales appelées *levenslied* (chansons à vous faire pleurer dans votre bière). On peut y voir des bustes en bronze de Johnny et de son groupe, mais la véritable curiosité est la cabane colorée, couverte de paroles nostalgiques.

❸ Flâner dans les Negen Straatjes

Les **Negen Straatjes** (Neuf Rues ; www.de9straatjes.nl ; 🚋1/2/5 Spui) abritent un ensemble de boutiques vendant des vêtements vintage, de la vaisselle et de curieuses spécialités, des brosses à dents aux montures de lunettes anciennes, en passant par une clinique pour poupées ! La zone est délimitée par Reestraat, Hartenstraat et Gasthuismolensteeg au nord, et Runstraat, Huidenstraat et Wijde Heisteeg au sud.

❹ Pause gourmande au Lunchcafé Nielsen

Le **Lunchcafé Nielsen** (☎330 60 06 ; Berenstraat 19 ; plats 5-11 € ; ⏱8h-16h mar-ven, 8h-18h sam, 9h-17h dim ; ✎ ; 🚋13/14/17 Westermarkt) est très prisé des habitants pour le déjeuner ou le brunch dans les Negen Straatjes. Au menu : quiches, salades et tartes au citron ou aux pommes.

❺ Bonnes affaires au marché nord

Le **Noordermarkt** (Marché nord ; www.jordaanmarkten.nl ; Noordermarkt ; ⏱marché aux puces 9h-13h lun, marché alimentaire 9h-16h sam ; 🚋3/10 Marnixplein) entoure l'église Noorderkerk et accueille deux marchés : le lundi matin, place aux fripes (à vous de fouiller) et aux vieilles babioles ; le samedi, la plupart des stands cèdent la place à d'appétissants étals de fromages produits autour d'Amsterdam.

❻ Amsterdam branché

La rue **Haarlemmerdijk** abonde en boutiques élégantes et établissements où manger sur le pouce ou prendre un verre. Elle est en train de devenir une destination gastronomique, grâce à ses restaurants, mais aussi à ses nombreuses épiceries fines et à ses magasins d'articles de cuisine. Vous trouverez notamment des machines à sucettes tendance, des vendeurs de livres de cuisine et des boutiques de thé.

❼ Se détendre au De Kat in de Wijngaert

Café brun incarnant la quintessence de la *gezelligheid*, **De Kat in de Wijngaert** (☎620 45 54 ; www.dekatindewijngaert.nl ; Lindengracht 160 ; ⏱10h-1h dim-jeu, 10h-3h ven, 9h-3h sam ; 🚋3/10 Marnixplein) est le genre d'endroit où l'on s'arrête pour prendre une bière et où l'on finit par passer la soirée. La faute sans doute à la mauvaise influence de la vieille garde d'artistes dont c'est le repaire. Autre bon point : il sert paraît-il les meilleurs *tosti* (sandwichs toastés) de la ville.

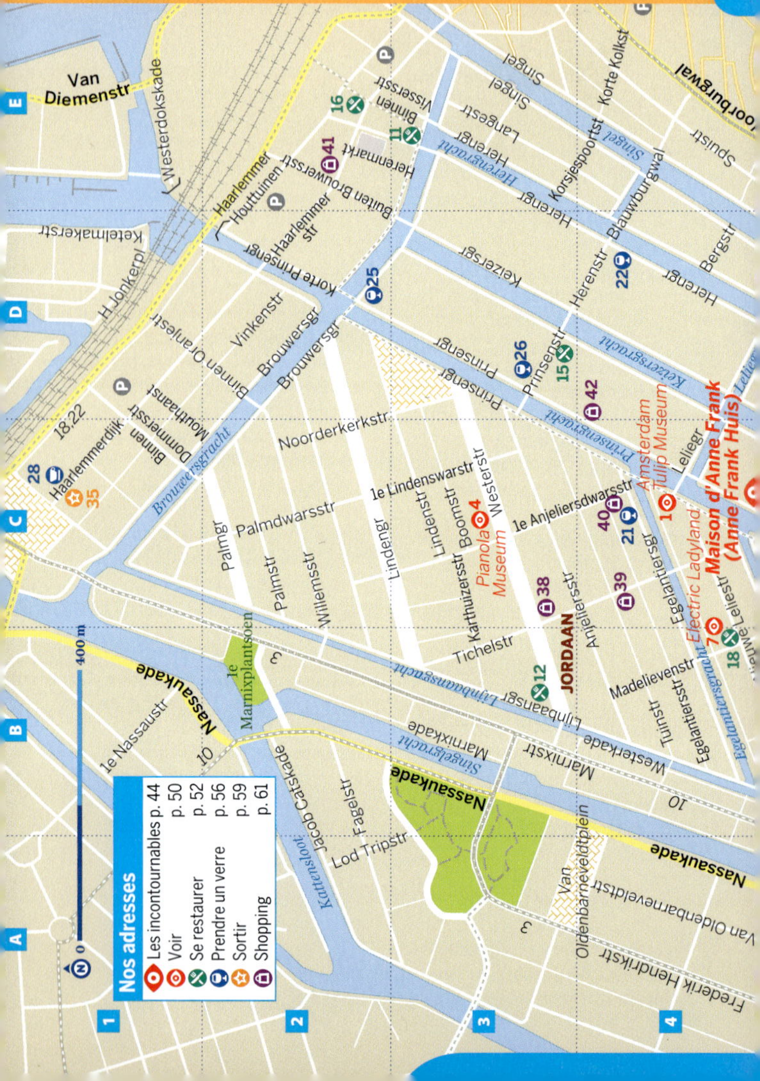
Nos adresses
Les incontournables p. 44
Voir p. 50
Se restaurer p. 52
Prendre un verre p. 56
Sortir p. 59
Shopping p. 61
0
400 m
N
Maison d'Anne Frank (Anne Frank Huis)
Amsterdam Tulip Museum
Pianola Museum
Electric Ladyland
JORDAAN
Van Diemenstr
Westerdokskade
Ketelmakerstr
H Jonkerpl
Haarlemmerdijk
Haarlemmer Houttuinen
Haarlemmer str
Binnen Dommersstr
Mouthaanst
Binnen Oranjestr
Vinkenstr
Brouwersgr
Brouwersgracht
Korte Prinsengr
Buiten Brouwersstr
Herenmarkt
Binnen Vissersstr
Singel
Langestr
Herengr
Herengracht
Korsjespoortst
Korte Kolkst
Blauwburgwal
Spuistr
Voorburgwal
Bergstr
Herenstr
Keizersgr
Keizersgracht
Prinsengr
Prinsengracht
Prinsenstr
Leliegr
Noorderkerkstr
1e Lindenswarstr
Westerstr
1e Anjeliersdwarsstr
Palmdwarsstr
Palmgr
Palmstr
Willemsstr
Lindengr
Lindenstr
Boomstr
Karthuizersstr
Tichelstr
Anjeliersstr
Egelantiersgr
Egelantiersgracht
Egelantiersstr
Madelievenstr
Tuinstr
Leliestr
Lijnbaansgr
Lijnbaansgracht
Marnixkade
Marnixstr
Westerkade
Singelgracht
Nassaukade
1e Nassaustr
1e Marnixplantsoen
Jacob Catskade
Kattensloot
Fagelstr
Lod Tripstr
Van Oldenbarneveldtplein
Van Oldenbarneveldtstr
Frederik Hendrikstr
18,22
10
3
A
B
C
D
E
1
2
3
4

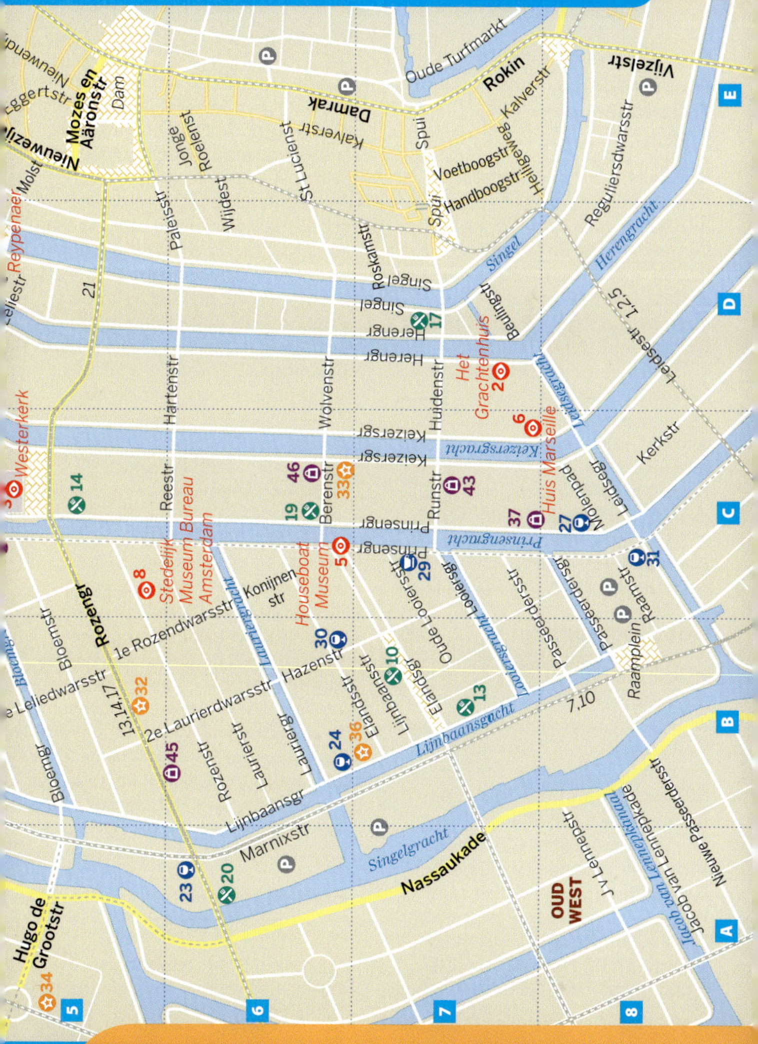

Nieuwendijk
Eggertstr
Nieuwezijds
Mozes en Aäronstr
Dam
Damrak
Oude Turfmarkt
Rokin
Vijzelstr
Kalverstr
Jonge Roelenst
St Luciënst
Spui
Voetboogstr
Handboogstr
Heiligeweg
Reguliersdwarsstr
Molst
Reypenaer
Paleisstr
Wijdest
Roskamstr
Singel
Beulingstr
Herengracht
Herengr
1,2,5
Leidsestr
21
Hartenstr
Wolvenstr
Huidenstr
Het Grachtenhuis
2
6
Westerkerk
14
Keizersgr
Keizersgracht
Leidsegracht
Kerkstr
Reestr
19
46
Berenstr
33
Runstr
43
Huis Marseille
37
27
Molenpad
Leidsegr
Prinsengr
Prinsengracht
5
29
31
Stedelijk Museum Bureau Amsterdam
8
Houseboat Museum
Rozengr
Konijnenstr
1e Rozendwarsstr
Lauriergracht
30
Looiersstr
Oude Looierstr
Looiersgracht
Passeerdersstr
Passeerdersgr
Raamstr
Raamplein
Bloemstr
Bloemgr
Hazenstr
Elandsstr
Lijnbaansstr
Elandsgr
10
13
7,10
1e Leliedwarsstr
13,14,17
32
2e Laurierdwarsstr
45
Rozenstr
Laurierstr
Laurierg
24
36
Lijnbaansgracht
Lijnbaansgr
Marnixstr
Singelgracht
Nassaukade
23
20
Hugo de Grootstr
34
OUD WEST
J v Lennepstr
Jacob van Lennepkade
Jacob van Lennepkanaal
Nieuwe Passeerdersstr
E
D
C
B
A
5
6
7
8

Voir

Amsterdam Tulip Museum

MUSÉE

1 Plan p. 48, C4

Ne vous laissez pas dissuader – ou distraire – par la boutique de souvenirs floraux à l'entrée. Ce petit musée de la tulipe offre un joli aperçu de l'histoire de la fleur favorite du pays. Une amusante et divertifiante visite d'une bonne demi-heure est vivement conseillée avant la balade de la journée au parc floral de Keukenhof ou au marché aux fleurs d'Aalsmeer (Bloemenveiling Aalsmeer), ou avant de flâner au Bloemenmarkt dans la ceinture des canaux sud (p. 68). (421 00 95 ; www.amsterdamtulipmuseum.com ; Prinsengracht 112 ; adulte/enfant 5/3 € ; 10h-18h ; 13/14/17 Westermarkt)

Het Grachtenhuis

MUSÉE

2 Plan p. 48, D7

Si l'histoire de la construction des canaux vous intéresse, ne manquez pas cette "maison du canal" qui explique comment ces voies et les maisons qui les bordent sont devenues une partie intégrante de l'urbanisme amstellodamois. Vidéos, hologrammes, maquettes, bandes dessinées et autres rendent la visite très vivante. (Maison du canal ; 421 16 56 ; www.hetgrachtenhuis.nl ; Herengracht 386 ; adulte/enfant 12/6€ ; 10h-17h mar-dim ; 1/2/5 Koningsplein)

Westerkerk

ÉGLISE

3 Plan p. 48, C5

Construite en 1620-1630 par Hendrick de Keyser pour les riches protestants, la Westerkek est, à Amsterdam, le principal lieu de rassemblement des membres de l'Église réformée néerlandaise. Sa nef, la plus grande des Pays-Bas, est couverte par une voûte en berceau en bois. Le grand orgue, qui date de 1686, est orné d'instruments et de scènes bibliques. Rembrandt (1606-1669), mort ruiné à Rozengracht, reposerait ici, dans une sépulture sans nom. (Église de l'Ouest ; 624 77 66 ; www.westerkerk.nl ; Prinsengracht 281 ; lun-ven 10h-15h toute l'année, sam 11h-15h avr-oct ; 13/14/17 Westermarkt)

Tour (Westertoren)

CLOCHER

Haut de 85 m, le clocher de la Westerkerk (voir 3 Plan p. 48, C5) est surmonté par la célèbre couronne impériale bleue dont l'empereur Maximilien Ier de Habsbourg dota le blason de la ville en 1489. L'ascension par l'escalier est rude et pénible pour les claustrophobes, mais le guide fait des pauses sur les paliers en décrivant les cloches. Départ de visite toutes les 30 minutes. Accès interdit aux moins de 6 ans. (Prinsengracht 281 ; visite guidée 7,50 €/pers ; 10h-19h30 lun-sam avr-oct)

Pianola Museum

MUSÉE

4 Plan p. 48, C3

Assez unique en son genre, ce musée possède une cinquantaine

YADID LEVY / ROBERTHARDING ©

Canal dans le quartier du Jordaan

de pianos mécaniques du début du XXe siècle (une douzaine d'entre eux sont présentés à la fois), quelque 25 000 rouleaux à musique et un orgue mécanique. Le conservateur vous fait visiter les lieux en 1 heure environ en se prêtant volontiers aux démonstrations. (☎ 627 96 24 ; www.pianola.nl ; Westerstraat 106 ; adulte/enfant 5/3 € ; ⌚14h-17h jeu-dim juil-août, seulement dim sept-juin ; 🚋3/10 Marnixplein)

Houseboat Museum

MUSÉE

5 👁 Plan p. 48, C6

Ce musée original, installé sur une péniche de 23 m de longueur datant de 1914, donne un bon aperçu des plaisirs de la vie sur l'eau. Une courte projection vidéo présente les divers types de bateaux, mais le plus intéressant reste la découverte des différentes pièces aménagées à bord. (☎ 427 07 50 ; www.houseboatmuseum.nl ; Prinsengracht 296k ; adulte/enfant 4,50/3,50 € ; ⌚10h-17h juil- août, mar-dim mar-oct, ven-dim nov-fév, fermé jan ; 🚋13/14/17 Westermarkt)

Huis Marseille

MUSÉE

6 👁 Plan p. 48, C7

Cet excellent musée de photographie présente de grandes expositions temporaires aussi bien itinérantes que tirées de sa collection personnelle. Il est logé dans une demeure historique disposant de plusieurs étages et d'un minuscule pavillon d'été dans le jardin. (☎531 89 89 ; www.huismarseille.nl ; Keizersgracht 401 ; adulte/enfant 8 €/gratuit ; ⌚11h-18h mar-dim ; 🚋1/2/5 Keizersgracht)

Electric Ladyland MUSÉE

7 Plan p. 48, B4

Le premier musée au monde consacré à l'art fluorescent présente d'un côté les sculptures psychédéliques du propriétaire Nick Padalino et, de l'autre, des pierres luminescentes et des objets manufacturés (billets de banque, cartes d'identité, etc.) qui brillent dans le noir (la boutique/galerie d'art est à l'étage). Nick vous décrit avec amour chaque pièce sur fond de musique planante (Jimi Hendrix, Beatles, etc.). (www.electric-lady-land.com ; 2e Leliedwarsstraat 5 ; adulte/enfant 5 €/gratuit 13h-18h mar-sam ; 🚋13/14/17 Westermarkt)

Stedelijk Museum Bureau Amsterdam MUSÉE

8 Plan p. 48, C5

Installé dans un ancien atelier de confection, dans un coin archi tranquille, cet espace d'exposition (peinture, sculpture, nouveaux médias, installations, etc.) du Stedelijk Museum (p. 97) présente des artistes contemporains dont le travail reflète la culture amstellodamoise. L'endroit vaut le coup d'œil. (☎422 04 71 ; www.smba.nl ; Rozenstraat 59 ; entrée libre ; ⌚11h-17h mer-dim ; 🚋13/14/17 Westermarkt)

Reypenaer DÉGUSTATION DE FROMAGE

9 Plan p. 48, D5

Voici l'occasion de devenir incollable sur les fromages hollandais. Reypenaer est une fromagerie centenaire qui propose des dégustations dans une salle rustique située sous son magasin. La séance d'une heure (possible en anglais) inclut la dégustation de six fromages – deux fromages de chèvre, quatre au lait de vache – plus ou moins frais et affinés, accompagnés des vins et portos voulus. Le fromager vous guide pour apprécier pleinement l'aspect, l'odeur et le goût des fromages. Appelez pour connaître les horaires. (☎320 63 33 ; www.reypenaer.com ; Singel 182 ; dégustations à partir de 15 € ; 🚋1/2/5/13/14/17 Dam/Raadhuisstraat)

Se restaurer

Balthazar's Keuken MÉDITERRANÉEN €€

10 Plan p. 48, B7

L'une des tables les plus cotées d'Amsterdam, dans le cadre rustico-moderne d'une ancienne forge. Pas de carte variée : la philosophie du lieu veut qu'on vous serve "ce qu'on a sous la main". Par exemple : du bar sauvage avec un risotto aux champignons ou du confit de lapin, en tout cas, c'est toujours délicieux. Réservation conseillée. (☎420 21 14 ; www.balthazarskeuken.nl ; Elandsgracht 108 ; menu 3 plats 32,50 € ; ⌚18h-22h30 mer-sam ; 🚋7/10/17 Elandsgracht)

Comprendre

Les canaux d'Amsterdam

Histoire

En néerlandais, canal se dit *gracht*, et les principaux canaux forment la *grachtengordel* (ceinture des canaux). Ils voient le jour au début du XVIIe siècle, quand la population d'Amsterdam commence à s'étendre au-delà de l'enceinte médiévale de la ville. Les constructeurs, urbanistes avant l'heure, mettent alors au point cet ambitieux projet de développement. Loin d'être uniquement de simples voies de communication, les canaux étaient indispensables au drainage et au défrichement de la terre détrempée.

Canaux principaux

En partant du centre, les principaux canaux semi-circulaires sont le Singel, le Herengracht, le Keizersgracht et le Prinsengracht. Astuce mnémotechnique : en dehors du **Singel** (à l'origine, une douve pour défendre les limites extérieures d'Amsterdam), ces canaux apparaissent dans l'ordre alphabétique à mesure que l'on s'éloigne du centre.

Le **Herengracht** est l'endroit où les Amstellodamois les plus fortunés s'installent à l'achèvement des travaux. Ils donnent au canal le nom des Heeren XVII de la Compagnie hollandaise des Indes orientales et y bâtissent leurs demeures. Tout aussi huppé, le **Keizersgracht** (canal de l'Empereur) est un hommage à l'empereur romain Maximilien Ier. Le **Prinsengracht** – qui doit son nom à Guillaume le Taciturne, prince d'Orange et premier membre de la famille royale néerlandaise – est conçu avec des habitations plus modestes et plus petites, ainsi que des entrepôts. Il fait également office de barrière avec le quartier ouvrier voisin du Jordaan. Aujourd'hui, c'est le canal intérieur le plus animé d'Amsterdam, avec ses cafés, boutiques et péniches bordant les quais.

Canaux périphériques

Les trois principaux canaux périphériques coupent à travers les canaux centraux. Le **Brouwersgracht**, ou "canal des brasseurs" car il était jalonné de nombreuses brasseries aux XVIe et XVIIe siècles, est l'un des plus beaux d'Amsterdam. Le **Leidsegracht** porte le nom de la ville de Leiden, dont il était la principale voie d'accès maritime. Le paisible **Reguliersgracht** est appelé ainsi en référence à un monastère qui était situé non loin. En 2010, l'Unesco a inscrit ces canaux quatre fois centenaires sur la Liste du patrimoine mondial.

De Belhamel

FRANÇAIS, ITALIEN **€€**

11 Plan p. 48, E3

Par beau temps, les tables en bordure du canal, en haut de Herengracht, sont un délice, mais l'intérieur Art nouveau fait aussi un cadre parfait pour l'excellente cuisine d'inspiration franco-italienne (pintade truffée et persillée et sa polenta, carré d'agneau au biscuit d'aubergine et coulis au poivre ou veau mariné à la moutarde et au miel). (☎622 10 95 ; www.belhamel.nl ; Brouwersgracht 60 ; plats déj 15-24,50 €, dîner 22,50-26,50 € ; 🕒12h-16h et 18h-23h ; 🚋1/2/5/13/17 Centraal Station)

Restaurant Fraîche

FRANÇAIS **€€**

12 Plan p. 48, B3

Ce bistrot, doté d'une grande baie vitrée, sert une cuisine française de pointe. Par exemple : turbot et calamar rôti avec pickles de fenouil et purée de carotte fumée ou magret de canard rôti au caramel et au foie gras. Il propose aussi des assiettes de dégustation et un menu spécial brunch. (☎627 99 32 ; www.restaurantfraiche.nl ; Westerstraat 264 ; plats 17-22 € ; 🕒18h30-23h30 mer-sam, 12h-16h dim ; 🚋3/10 Marnixplein)

> 100% amstellodamois
>
> **Wil Graanstra Friteshuis**
>
> Une foule d'Amstellodamois raffolent des frites préparées par le **Wil Graanstra Friteshuis** (☎624 40 71 ; Westermarkt 11 ; frites 2,50-4,50 € ; 🕒12h-19h lun-sam ; 🚋13/14/17 Westermarkt), un établissement familial ouvert depuis 1956. La plupart des clients les accompagnent de mayonnaise, mais d'autres sauces délicieuses sont proposées : *oorlog* (cacahuète et mayonnaise), curry et *piccalilli*.

Brasserie Blazer

FRANÇAIS **€€**

13 Plan p. 48, B7

Installée dans l'Antiekcentrum Amsterdam (p. 46) et ouvrant sur un étroit canal, la brasserie française la plus simple d'Amsterdam ne manque pas d'attrait avec ses plats classiques à prix raisonnables – confit de canard, faux-filet béarnaise, etc. À accompagner d'une bière maison. (☎620 96 90 ; www.brasserieblazer.nl ; Lijnbaansgracht 190 ; plats 14,50-23,50 € ; 🕒cuisine 12h-23h ; 🚋7/10/17 Elandsgracht)

Bistro Bij Ons

NÉERLANDAIS **€€**

14 Plan p. 48, C5

Si vous n'avez pas d'*oma* (grand-mère) néerlandaise pour vous en préparer, vous pourrez goûter une bonne cuisine maison dans ce charmant bistrot rétro. Parmi les classiques : *stamppot* (pommes de terre écrasées avec un autre légume) à la saucisse, *raasdonders* (pois cassés avec bacon, oignons et pickles) ou *poffertjes* (petites crêpes au beurre et au sucre). (☎627 90 16 ; www.bistrobijons.nl ; Prinsengracht 287 ; plats 13,50-19 € ; 🕒10h-22h mar-dim ; 👪 ; 🚋13/14/17 Westermarkt)

Letting

NÉERLANDAIS **€**

15 Plan p. 48, D3

Démarrez la journée avec un vrai petit-déjeuner traditionnel à la néerlandaise à base de *wentelteefjes* (pain perdu à la cannelle), d'*uitsmijter rosbief* (œufs miroir avec fromage et rosbif) ou d'œufs brouillés au flétan fumé. Au déjeuner, choisissez parmi les soupes et sandwichs. Ou réservez à l'avance pour un *high tea royal* (25 €), au champagne. (www.letting.nl ; Prinsenstraat 3 ; plats 7-13 € ; 8h30-17h lun et jeu-sam, jusqu'à 15h mer, 9h-17h dim ; ; 13/14/17 Westermarkt)

Vinnies Deli

CAFÉ **€**

16 Plan p. 48, E2

Dans l'esprit du temps, ce café propose un choix de sandwichs à base d'ingrédients bio (notamment houmous de haricots noirs et poivrons doux, aubergines au babeurre et grenade ou maquereau fumé au chutney de rhubarbe). On peut aussi acheter ces mêmes ingrédients dans la partie traiteur. (www.vinniesdeli.nl ; Haarlemmerstraat 46 ; plats 7,50-12,50 € ; 7h30-18h lun-ven, 9h-18h sam, 9h30-18h dim ; ; 1/2/5/13/17 Centraal Station)

Singel 404

CAFÉ **€**

17 Plan p. 48, D7

On risque facilement de passer à côté de ce café niché à l'écart bien que tout proche de l'animation du Spui (guettez l'auvent bleu-cobalt). La carte est on ne peut plus simple

DANITA DELIMONT / ALAMY PHOTO STOCK ©

Houseboat Museum (p. 51)

– sandwichs au saumon fumé, soupe de potiron, diabolo menthe au miel – et les prix sont modiques, mais les portions sont généreuses et la qualité excellente. (428 01 54 ; Singel 404 ; plats 5-9 € ; 10h30-19h ; ; 1/2/5 Spui)

Mantoe

AFGHAN **€€**

18 Plan p. 48, B4

Pour un repas bon et original, allez au Mantoe. Ce petit restaurant tenu par une famille afghane est si douillet et sympathique qu'on a l'impression de dîner chez des amis. Il n'y a pas de carte : on vous sert la cuisine du jour avec, par exemple, des bouchées à la viande et aux herbes cuites à la vapeur ou un plat de riz et d'agneau épicé.

Bon choix de vins. (☎ 421 63 74 ; www.restaurantmantoe.nl ; 2e Leliedwarsstraat 13 ; menu 4 plats 32 € ; 17h-23h mer-dim ; 13/14/17 Westermarkt)

Pancakes! NÉERLANDAIS TRADITIONNEL €

19 Plan p. 48, C6

Certes les touristes sont nombreux dans ce chaleureux petit établissement, mais comme on les comprend ! Qu'ils soient sucrés (pommes, noisettes et cannelle) ou salés (jambon, chicorée et camembert), tous les pancakes (crêpes) sont délicieux ! La pâte est préparée avec de la farine provenant d'un moulin local. Possibilité de pancakes sans gluten. (☎ 528 97 97 ; www.pancakesamsterdam.com ; Berenstraat 38 ; pancakes 9,50-12,50 € ; 9h-19h ; 13/14/17 Westermarkt)

Comprendre

La réglisse dans tous ses états

Les Néerlandais adorent les bonbons, mais particulièrement la *drop*, terme générique désignant la réglisse. Qu'elle soit de texture caoutchouteuse ou dure comme de la semelle, en forme de pièce de monnaie ou de voiture miniature, ce qui compte vraiment c'est la différence entre *zoete* (sucrée) et *zoute* (salée, aussi appelée *salmiak*). Cette dernière surprendra les amateurs les plus avertis, mais la réglisse se décline avec tant de parfums (menthe, miel, laurier par exemple) que tout un chacun devrait trouver son bonheur. Pour une première dégustation, rendez-vous chez Het Oud-Hollandsch Snoepwinkeltje (p. 61).

Moeders NÉERLANDAIS TRADITIONNEL €€

20 Plan p. 48, A6

Les vieux clients de ce restaurant ouvert depuis plus de 25 ans ont leurs propres assiettes et couverts – ils ont même été conviés à apporter une photo de leurs mères (*moeders*) ! –, le tout dans une joyeuse atmosphère de bric-à-brac. Le menu est à l'avenant : poissons et fruits de mer, *stamppot* (purée de légumes et de pommes de terre servie avec de la saucisse fumée) et plats marocains. Réservation indispensable. (☎ 626 79 57 ; www.moeders.com ; Rozengracht 251 ; plats 15-19 €, menu 3 plats à partir de 26,50 € ; 17h-minuit lun-ven, 12h-minuit sam-dim ; ; 13/14/17 Marnixstraat)

Prendre un verre

't Smalle CAFÉ BRUN

21 Plan p. 48, C4

Ancienne distillerie et lieu de dégustation de *jenever* (genièvre) datant de 1786, restauré dans les années 1970 avec des tireuses à bière en porcelaine anciennes et des vitraux au plomb, ce café brun conserve tout son pittoresque et sa clientèle d'habitués. Amarrez votre bateau à côté de sa jolie terrasse en pierre, si conviviale dans la journée et si romantique la nuit. (www.t-smalle.nl ; Egelantiersgracht 12 ; ⏲10h-1h mar-jeu, jusqu'à 2h ven-sam ; 🚋13/14/17 Westermarkt)

't Arendsnest

BAR À BIÈRES

22 Plan p. 48, D4

Ce superbe café brun rénové, où, derrière le bar, rutilent des alambics en cuivre pour le genièvre, ne sert que de la bière hollandaise – mais il en propose près de 200 variétés (beaucoup en provenance de petites brasseries), dont 30 à la pression. (www.arendsnest.nl ; Herengracht 90 ; ⏲12h-minuit mar-jeu, jusqu'à 2h ven-sam ; 🚋1/2/5/13/17 Nieuwezijds Kolk)

Cafe Soundgarden

BAR

23 Plan p. 48, A6

Ce bar grunge fréquenté par tous les âges a pour "vieux maîtres" les Ramones et les Black Sabbath. Les tables de billard, les flippers des années 1980, les DJ mal peignés et les barmans gentiment bourrus font tout le charme de ce lieu. Il accueille parfois des groupes de rock et la terrasse sur le canal, à l'arrière, jouit d'une ambiance souvent festive et conviviale. (www.cafesoundgarden.nl ; Marnixstraat 164-166 ; ⏲13h-1h lun-jeu, 13h-3h ven, 15h-3h sam, 15h-1h dim ; 🚋13/14/17 Marnixstraat)

Tripel

BAR À BIÈRES

24 Plan p. 48, B6

Personnel affable et chaleureux fouillis donnent le sentiment d'un vrai bar de quartier. Ce qui est le cas : le Tripel se situe à l'écart des sentiers touristiques à la lisière du Jordaan. Ici, la bière belge est à l'honneur, avec quelque 13 variétés à la pression et 200 autres en bouteille. Réservez si vous voulez goûter au poulet rôti et autres savoureux plats belges (9,50-15,50 €). (📞370 64 21 ; Lijnbaansgracht 161 ; ⏲16h-3h lun-ven, à partir de 12h sam-dim ; 📶 ; 🚋7/10/17 Elandsgracht)

> 100% amstellodamois
>
> **De Twee Zwaantjes**
>
> Pour vivre une soirée typique du Jordaan, rendez-vous dans le café brun **De Twee Zwaantjes** (📞625 27 29 ; www.detweezwaantjes.nl ; Prinsengracht 114 ; ⏲15h-1h dim-jeu, jusqu'à 3h ven-sam ; 🚋13/14/17 Westermarkt). Les soirs de week-end, l'ambiance bat son plein dans un inoubliable style cabaret-karaoké quand habitués et visiteurs chantent à tue-tête des classiques ou des chansons traditionnelles hollandaises.

Café Tabac

CAFÉ

25 Plan p. 48, D2

Café brun ? Bar lounge ? Cet établissement inclassable est simplement un endroit convivial, à l'intersection de deux des plus beaux canaux d'Amsterdam. On peut s'y détendre et admirer la vue, sur fond de musique rock. (www.cafetabac.eu ; Brouwersgracht 101 ; ⏲16h-1h lun-jeu, jusqu'à 3h ven, 10h-3h sam, jusqu'à 1h dim ; 📶 ; 🚋18/21/22 Buiten Brouwersstraat)

Café de Vergulde Gaper

CAFÉ BRUN

26 Plan p. 48, D3

Cette pharmacie, décorée de flacons d'apothicaires et de réclames d'autrefois, transformée en café brun, a un personnel aimable et une terrasse ensoleillée l'après-midi, qui attirent une clientèle d'habitués, notamment à la sortie du travail. Son nom fait référence au buste de Maure "bouche ouverte" (*gaper*) qui servait d'enseigne aux apothicaires néerlandais. (www.deverguldegaper.nl ; Prinsenstraat 30 ; 11h-1h mar-jeu, jusqu'à 3h ven-sam ; ; 13/14/17 Westermarkt)

Café Het Molenpad

BAR

27 Plan p. 48, C8

Cet adorable café au bord du canal attire le jour une foule de gens venus lire le journal sur sa terrasse. Le soir, la lumière douce sous les plafonds en métal repoussé et le scintillement des bougies sur les tables créent une ambiance paisible et romantique. (625 96 80 ; www.cafehetmolenpad.nl ; Prinsengracht 653 ; 12h-1h mar-jeu, jusqu'à 3h ven-sam ; ; 1/2/5 Prinsengracht)

Two For Joy

CAFÉ

28 Plan p. 48, C1

Brûlerie de café, le Two For Joy fait le meilleur expresso d'Amsterdam. Confortablement installé sur les sièges vintage, jetez un coup d'œil aux œuvres d'art exposées sur les murs de brique nue en vous délectant de ces arômes de café fraîchement torréfié (à accompagner peut-être d'un sandwich à l'œuf). Autre succursale dans la ceinture des canaux. (221 95 52 ; www.twoforjoy.nl ; Haarlemmerdijk 182 ; 7h30-19h lun-ven, 8h-18h sam-dim ; 3 Haarlemmerplein)

Comprendre

Gezelligheid

Cette qualité intrinsèquement néerlandaise est l'une des meilleures raisons d'aller à Amsterdam. L'adjectif peut être traduit par cordial, confortable, sociable, douillet ou convivial, mais on ne peut vraiment comprendre la *gezelligheid* ("ce qui est *gezellig*") qu'en la vivant : sorte d'instant hors du temps, plaisir d'être ici et maintenant, oubli de tous les soucis (du moins jusqu'au lendemain). Vous ressentirez sans doute cette sensation douce et diffuse dans de nombreuses situations : en sirotant une bière avec des amis, en partageant un café et un gâteau avec des voisins ou en vous attardant après un repas (c'est le *natafelen*, "après la table", en néerlandais) à la lumière des bougies (il y en a presque toujours). Les anciens cafés bruns comme 't Smalle (p. 56) et Pieper (p. 59) ont de la *gezelligheid* à revendre !

La Tertulia

COFFEE SHOP

29 Plan p. 48, C7

Tenu par une mère et sa fille, ce *coffee shop* aux allures de serre est très prisé des amateurs de hash. On peut s'installer en terrasse face à une fresque à la Van Gogh, s'adonner à des jeux de plateau ou contempler les cristaux gigantesques à côté du comptoir. En prime : l'excellent café provient d'un torréfacteur hollandais réputé. (623 85 03 ; www.coffeeshoptertulia.com ; Prinsengracht 312 ; 11h-19h mar-sam ; 7/10/17 Elandsgracht)

Saarein

GAY ET LESBIEN

30 Plan p. 48, B6

Cet ancien repaire de femmes est désormais aussi ouvert aux hommes. Le café date du XVIIe siècle et a conservé des éléments d'époque. Quelques tapas, soupes et plats du jour sont aussi proposés. (www.saarein.info ; Elandsstraat 119 ; 16h-1h mar-jeu, 16h-2h ven, 12h-2h sam, 14h-1h dim ; 7/10/17 Elandsgracht)

Café Pieper

CAFÉ BRUN

31 Plan p. 48, C8

Petit et sans prétention, le Café Pieper affiche son âge (1665) avec ses vitraux, son sable frais au sol, ses chopes anciennes accrochées au bar et sa tireuse à bière belge (1875) encore en fonction. En savourant une bière Wieckse Witte ou un délicieux cappuccino, vous vous étonnerez sans doute que le plafond du bar soit aussi bas. Les gens étaient plus petits au XVIIe siècle, même les Hollandais, pardi ! (Prinsengracht 424 ; 12h-1h lun-jeu, 12h-2h ven-sam, 14h-20h dim ; 1/2/5 Prinsengracht/Leidsestraat)

GEORGE TSAFOS / GETTY IMAGES ©

Felix Meritis (p. 60)

Sortir

Boom Chicago

HUMOUR

32 Plan p. 48, B5

Le Boom Chicago présente de très amusants spectacles d'improvisation en anglais. La satire porte sur la culture hollandaise, la culture américaine ou tout autre sujet. Les spectacles ont lieu du mercredi au dimanche dans la grande salle. Des spectacles plus pointus ont lieu dans la plus petite salle à l'étage. Tarifs préférentiels pour les spectacles du samedi en fin de soirée. (www.boomchicago.nl ; Rozengracht 117 ; ; 13/14/17 Marnixstraat)

Felix Meritis

CENTRE CULTUREL

33 Plan p. 48, C6

Ce centre dédié à la culture, aux arts et à la science accueille des spectacles d'avant-garde (théâtre, musique, danse) et des débats sur la politique, la diversité, l'art, la technologie ou la littérature. Son café offre un cadre exceptionnel pour siroter un cocktail ou un café près des immenses baies ou en terrasse avec vue sur le canal. (626 23 21 ; www.felix.meritis.nl ; Keizersgracht 324 ; billetterie 9h-19h ; ; 1/2/5 Spui)

100% amstellodamois

Marchés de quartiers

Le **marché de Lindengracht** (www.jordaanmarkten.nl ; Lindengracht ; 9h-16h sam ; 3 Nieuwe Willemsstraat) conserve son caractère local et authentique avec quantité de produits frais, notamment les poissons, les magnifiques étals de fromages, ainsi que des produits gourmets, des vêtements et des articles pour la maison. Allez-y tôt : les étals sont plus beaux et il y a moins de monde. Le **Westermarkt** (www.jordaanmarkten.nl ; Westerstraat ; 9h-13h lun ; 3/10 Marnixplein) est aussi très attrayant pour ses 163 stands de vêtements et de tissus à prix avantageux ; notez qu'il ne se trouve pas sur Westermarkt mais sur Westerstraat, à côté de Noordermarkt.

De Nieuwe Anita

CONCERTS

34 Plan p. 48, A5

Ce superbe café aux allures de salon s'est agrandi pour les adeptes du rock. Derrière la porte dissimulée par une bibliothèque se cache une grande salle dotée d'une scène où alternent, selon un agenda varié, projections de films cultes le lundi, DJ, vaudevilles, etc. Billets 3-7 €. (415 35 12 ; www.denieuweanita.nl ; Frederik Hendrikstraat 111 ; 3 Hugo de Grootplein)

Movies

CINÉMA

35 Plan p. 48, C1

Ce superbe cinéma Art déco de 1912 (le plus ancien d'Amsterdam) programme des films indépendants et quelques grosses productions (souvent en anglais). Du dimanche au jeudi, on peut se régaler dans son restaurant (17h30-22h) ou prendre un agréable verre dans son café-bar. (638 60 16 ; www.themovies.nl ; Haarlemmerdijk 161 ; 3 Haarlemmerplein)

Maloe Melo

BLUES

36 Plan p. 48, B7

Cœur de la petite scène blues d'Amsterdam, cette salle animée et décontractée programme aussi bien du Texas blues que du rockabilly, du garage ou du punk irlandais. Entrée autour de 5 €. (420 45 92 ; www.maloemelo.com ; Lijnbaansgracht 163 ; 21h-3h dim-jeu, jusqu'à 4h ven-sam ; 7/10/17 Elandsgracht)

Café de Vergulde Gaper (p. 58)

Shopping

Frozen Fountain ARTICLES POUR LA MAISON

37 Plan p. 48, C7

La maison la plus réputée d'Amsterdam pour les articles de design et de décoration. L'originalité est garantie, mais elle a un prix. Couteaux pliables, gadgets pour la cuisine, cadeaux inédits, on y fait des achats mémorables. Mieux encore, c'est un endroit sans prétention où l'on peut fouiner à loisir sans se sentir mal à l'aise. (www.frozenfountain.nl ; Prinsengracht 645 ; 13h-18h lun, 10h-18h mar-sam, 12h-17h dim ; 1/2/5 Prinsengracht)

Moooi Gallery ARTICLES POUR LA MAISON

38 Plan p. 48, C3

Fondé par Marcel Wanders, Moooi offre le top du design hollandais, de la lampe-cheval noire grandeur nature au vase de Delft déformé par le vent ("blow away vase"), en passant par le cochon-tirelire qu'un marteau en or viendra briser ("killing of the piggy bank"). (528 77 60 ; www.moooi.com ; Westerstraat 187 ; 10h-18h mar-sam ; 3/10 Marnixplein)

Het Oud-Hollandsch Snoepwinkeltje CONFISERIE

39 Plan p. 48, C4

Cette petite boutique est remplie de bocaux en verre de friandises fourrées à toutes sortes d'ingrédients (chocolat, café, fruits et la réglisse salée néerlandaise appelée *zoute drop*). Elle vend aussi des douceurs pour diabétiques. (☎420 73 90 ; www.snoepwinkeltje.com ; Egelantiersdwarsstraat 2 ; ⌚11h-18h30 mar-sam ; 🚋3/10 Marnixplein)

Back Beat Records

MUSIQUE

40 Plan p. 48, C4

Cette petite boutique vend de la musique jazz, soul et funk, depuis près de trois décennies. Que vous recherchiez un vinyle de Sly and the Family Stone, un coffret de Chet Baker ou un CD d'orgue Hammond de Charles Earland, vous trouverez ici votre bonheur. Le patron connaît tout du jazz traditionnel local. (☎627 16 57 ; www.backbeat.nl ; Egelantiersstraat 19 ; ⌚11h-18h lun-sam ; 🚋13/14/17 Westermarkt)

Tenue de Nîmes

VÊTEMENTS

41 Plan p. 48, E2

Une boutique spécialisée dans les vêtements en jean hyperbranchés des marques légendaires comme Levi's, Rogue Territory, Pure Blue Japan, Edwin, Naked & Famous, Acne et Rag & Bone. Vous y trouverez aussi d'autres créations pointues, comme des T-shirts, robes et vestes élégamment coupées de la marque amstellodamoise Amatør. (www.tenuedenimes.com ; Haarlemmerstraat 92-94 ; ⌚12h-18h dim-lun, 10h-18h mar-sam ; 🚌18/21/22 Buiten Brouwersstraat)

I Love Vintage

VINTAGE

42 Plan p. 48, D4

Plus grande que la plupart des boutiques vintage d'Amsterdam, celle-ci est réputée pour son

Comprendre

Design néerlandais

Le design néerlandais est réputé pour son approche créative, minimaliste et pleine d'humour des objets du quotidien. Quelques grands noms (Hella Jongerius, Gijs Bakker et Marcel Wanders) sont mondialement connus ; mais les meilleures créations émanent parfois de collectifs tels Droog et Moooi.

Chez Frozen Fountain (p. 61), le temple amstellodamois de la décoration intérieure, on peut admirer d'insolites pièces en faïence de Delft et des tissus traditionnels, mais aussi des tables en bois de récupération. Les créations de Droog (p. 138), à Nieuwmarkt, allient l'humour surréaliste (un lustre de 80 ampoules amassées comme des œufs de poisson) au côté pratique. La Moooi Gallery (p. 61), dans le Jordaan, montre l'audace du design hollandais. Aux Pays-Bas, le design rime aussi avec bonnes affaires. Ainsi, Hema (p. 40) suscite un véritable engouement. Le magasin embauche des étudiants en design pour apposer leur griffe sur toutes sortes d'objets, des tasses à café à d'originaux sacs à main...

formidable choix de robes et de bijoux des années 1920 à 1950. Elle propose aussi des articles neufs de style rétro. Les prix démarrent autour de 20 €. (☎330 19 50 ; www.ilovevintage.com ; Prinsengracht 201 ; ⌚9h30-18h lun-sam, 12h-17h dim ; 🚋13/14/17 Westermarkt)

De Kaaskamer

ALIMENTATION

43 Plan p. 48, C7

Ce temple des fromages néerlandais et bio vend aussi des olives, des tapenades, des salades et d'autres ingrédients de pique-nique. On peut goûter avant d'acheter, et si vous n'avez pas la place pour un gouda entier, vous pourrez toujours acheter un sandwich au fromage ou à la viande à emporter. (www.kaaskamer.nl ; Runstraat 7 ; ⌚12h-18h lun, 9h-18h mar-ven, jusqu'à 17h sam, 12h-17h dim ; 🚋1/2/5 Spui)

Galleria d'Arte Rinascimento

ART, ANTIQUITÉS

44 Plan p. 48, C5

Ce beau magasin vend de la faïence de Delft (ancienne et moderne) fabriquée par Royal Delft : vases, plats, assiettes, décorations de Noël, broches ou fascinants carreaux et plaques murales du XIXe siècle. (☎622 75 09 ; www.delft-art-gallery.com ; Prinsengracht 170 ; ⌚9h-18h ; 🚋13/14/17 Westermarkt)

SPRMRKT

VÊTEMENTS

45 Plan p. 48, B6

Que vous recherchiez un jean Acne supermoulant, un fauteuil vintage Thor

De Kaaskamer

Larson Pod ou le dernier numéro du mazagine *Butt*, vous serez comblé par ce vaste concept store, adresse phare de la mode amstellodamoise. (☎330 56 01 ; www.sprmrkt.nl ; Rozengracht 191-193 ; ⌚12h-18h lun, 10h-18h mar, mer et sam, 10h-19h jeu-ven, 13h-18h dim ; 🚋13/14/17 Marnixstraat)

Boekie Woekie

LIVRES

46 Plan p. 48, C6

Cette boutique vend des livres créés par des artistes. Certains racontent des histoires (magnifiquement illustrées, comme il se doit), d'autres présentent d'intéressants motifs graphiques. Tout est unique en son genre. (www.boewoe.home.xs4all.nl ; Berenstraat 16 ; ⌚12h-18h ; 🚋13/14/17 Westermarkt)

100% amstellodamois
À la découverte de Westerpark et des îles occidentales

Comment y aller

À 1,6 km de Centraal Station, la zone jouxte le nord-ouest du Jordaan.

Les lignes 3 et 10 desservent le quartier.

La ligne 22 va jusqu'à Het Schip.

Westerpark et les îles occidentales sont la promesse d'une excursion dépaysante, à deux pas de Centraal Station. Ces quartiers abritent des espaces verts, un complexe postindustriel, des trésors architecturaux et d'excellents restaurants. Ils symbolisent parfaitement l'histoire en dents de scie d'Amsterdam, ou comment une zone ouvrière à l'abandon, devenue un paradis pour des squatteurs, a réussi à renaître de ses cendres avec une remarquable créativité.

❶ Architecture

L'ensemble de logements **Het Schip** (☎418 28 85 ; www.hetschip.nl ; Spaarndammerplantsoen 140 ; entrée 7,50 € ; ⏰11h-17h mar-dim ; 🚋22 Zaanstraat) est le plus bel exemple architectural de l'école d'Amsterdam (p. 109). Michel de Klerk conçut ce bâtiment triangulaire, ressemblant un peu à un bateau, pour les employés des chemins de fer. Il accueille aujourd'hui un petit musée où l'on voit l'ancien bureau de poste et un appartement.

❷ Carré de verdure

Depuis Het Schip, longez la voie ferrée vers le sud-est et coupez par un passage souterrain pour rejoindre **Westerpark** (Spaarndammerstraat & Zeeheldenbuurt ; 🚋3 Haarlemmerplein). Ce vaste espace verdoyant est un endroit assez tendance, sans doute en raison de son voisinage avec la **Westergasfabriek**, ancienne usine à gaz reconvertie en espace culturel d'avant-garde, qui abrite cafés, brasseries, théâtres et espaces créatifs.

❸ Un verre en terrasse

Par beau temps, une clientèle jeune et bobo prend d'assaut la terrasse de **Westergasterras** (www.westergasterras.nl ; Klönneplein 4, Westergasfabriek ; ⏰11h-1h mer et jeu, 11h-3h ven, 10h-3h sam, 10h-1h dim ; 🚋10 Van Limburg Stirumstraat). En hiver, la cheminée à l'intérieur est tout aussi agréable. L'endroit se transforme en discothèque en fin de soirée le week-end.

❹ Jazzy Notes

Le chaleureux **North Sea Jazz Club** (☎722 09 81 ; www.northseajazzclub.com ; Pazzanistraat 1, Westergasfabriek ; 🚋10 Van Limburg Stirumstraat) accueille des jazzmen réputés (et quelques grands noms). Les concerts sont souvent gratuits : les “Summer Sessions”, mercredi et jeudi de 18h30 à 21h30, servent de tremplin aux jeunes talents ; la “Late Night Live” du samedi fait place à la musique moderne et électronique.

❺ Îles occidentales

Les **îles occidentales** (Westelijke Eilanden ; 🚋48 Barentszplein) accueillaient à l'origine des chantiers navals et les entrepôts de la Compagnie des Indes occidentales. Ce quartier est un monde à part, sillonné de canaux qu'enjambent de petits ponts à bascule. Vous y trouverez de charmantes maisons et des ateliers d'artistes.

❻ Zandhoek pittoresque

Faites un détour par le **Zandhoek** (Realeneiland ; 🚋48 Barentszplein), un joli quai sur la rive nord. Ce port de plaisance moderne (avec location de bateaux à moteur) accueillait un marché au XVIIe siècle, où les navires venaient chercher du sable pour former leur lest.

❼ Étape chez Marius

Petit et gastronomique, **Marius** (☎422 78 80 ; www.deworst.n ; Barentszstraat 173 ; menu 4 plats 47,50 € ; ⏰6h30-22h mar-sam ; 🚋48 Barentszplein) est tenu par le chef Kees, qui fait ses courses sur les marchés tous les jours et établit son menu en fonction. Crevettes grillées et purée de fève, côte de bœuf avec polenta et ratatouille, etc. Il dirige également un bar à vins juste à côté.

Explorer

Ceinture des canaux sud

La ceinture des canaux sud englobe deux hauts lieux de la nuit amstellodamoise : Leidseplein et Rembrandtplein, qui rassemblent de nombreuses boutiques sous l'éclairage des néons. Entre les deux, on trouve quelques musées passionnants – notamment l'incontournable Hermitage Amsterdam, ainsi que des restaurants, des cafés et des magasins. Durant le Siècle d'or, c'est ici que vivaient les habitants les plus fortunés, comme en témoignent les belles demeures qui bordent les canaux.

L'essentiel en un jour

Consacrez la matinée à la visite de l'**Hermitage Amsterdam** (p. 72), puis rendez-vous au **Tassenmuseum Hendrikje** (p. 73), pour tout savoir sur les sacs à main à travers l'histoire.

Commencez l'après-midi sur Rembrandtplein et suivez le parcours touristique. Prenez-vous en photo à côté de la statue du maître de la peinture, mangez une *kroket* (croquette) au **Van Dobben** (p. 76). Terminez par un verre dans la splendeur du **De Kroon** (p. 78), avant de faire un saut au **Museum Van Loon** (p. 72), pour un coup d'œil à la somptueuse demeure qui l'abrite, puis au **FOAM** (p. 73) qui expose de grands noms de la photographie.

Pour le dîner, faites votre choix parmi les bons restaurants qui bordent Utrechtsestraat, comme **Tempo Doeloe** (p. 76) pour sa cuisine indonésienne ou le **Bar Moustache** (p. 78) pour un goût d'Italie, et prenez des forces avant une soirée bien remplie à Leidseplein. Regardez la programmation du **Paradiso** (p. 80), du **Melkweg** (p. 80) et du **Jazz Café Alto** (p. 81). Si vous préférez finir sur une note plus décontractée, allez prendre une bière à l'**Eijlders** (p. 78).

Pour une journée de flânerie dans la ceinture des canaux sud, voir page suivante.

100% amstellodamois

Flânerie dans la ceinture des canaux sud (p. 68)

Le meilleur du quartier

Musées et galeries

Hermitage Amsterdam (p. 72)

FOAM (p. 73)

Kattenkabinet (p. 69)

Tassenmuseum Hendrikje (p. 73)

Amsterdam Pipe Museum (p. 74)

Museum Van Loon (p. 72)

Sortir

Melkweg (p. 80)

Paradiso (p. 80)

Jazz Café Alto (p. 81)

Prendre un verre et sortir

Door 74 (p. 79)

Air (p. 78)

Van Dyck Bar (p. 79)

Comment y aller

Tram Les trams 1, 2, 5, 7 et 10 desservent Leidseplein. Pour Rembrandtplein, prendre le tram 4, qui longe Utrechtsestraat (et ses nombreux restaurants). Les trams 16 et 24 traversent le centre du quartier, le long de l'animée Vijzelstraat.

100% amstellodamois
Flânerie dans la ceinture des canaux sud

Quartier cossu s'il en est, la ceinture des canaux sud a été achevée à la fin du XVIIe siècle, à l'époque où Amsterdam baignait dans l'opulence du Siècle d'or. En vous y baladant, vous pourrez admirer de somptueuses demeures, de belles boutiques d'antiquaires, d'appétissantes pâtisseries et un musée unique en son genre.

❶ Marché aux fleurs

Au bord du canal, le **Bloemenmarkt** (Marché aux fleurs ; Singel, entre Muntplein et Koningsplein ; 8h30-19h lun-sam, jusqu'à 19h30 dim avr-oct, 9h-17h30 lun-sam, 11h-17h30 dim mars-nov ; 1/2/5 Koningsplein) existe depuis 1860. L'accent est mis sur les bulbes exotiques, mais des fleurs coupées égayent aussi les étals. Achetez un bouquet, et vous aurez l'impression d'être un vrai Amstellodamois en vous promenant avec des fleurs sous le bras.

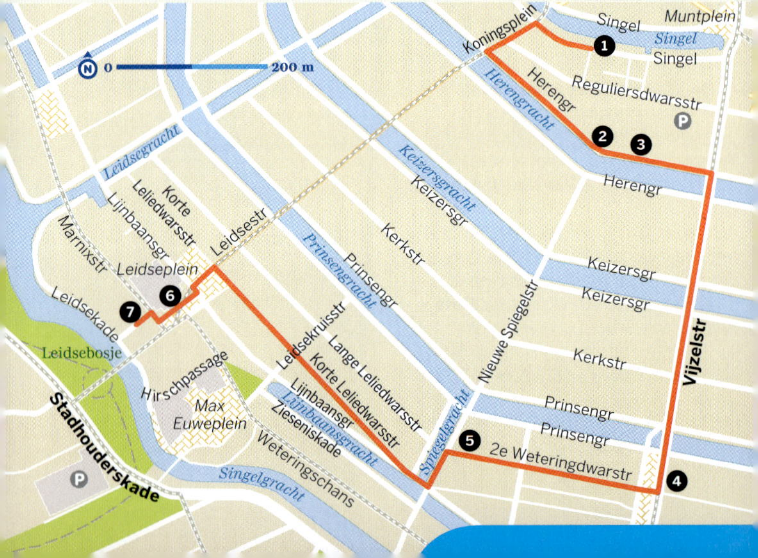

❷ Les ors de la Boucle d'or

Durant le Siècle d'or, la **Boucle d'or** (Gouden Bocht ; Herengracht, entre Leidsestraat et Vijzelstraat ; 1/2/5 Koningsplein) était l'endroit où les Amstellodamois les plus fortunés vivaient et dirigeaient leurs affaires. Admirez les demeures jalonnant Herengracht, qui, pour la plupart, datent des années 1660. Les pignons pouvaient être deux fois plus larges que la moyenne.

❸ La Maison des chats

Unique demeure ouverte au public de la Boucle d'or, le **Kattenkabinet** (Maison des chats ; 626 90 40 ; www.kattenkabinet.nl ; Herengracht 497 ; adulte/enfant 7 €/gratuit ; 10h-17h lun-ven, à partir de 12h sam-dim ; 1/2/5 Koningsplein) est un musée original consacré aux chats dans l'art. Un dessin de Picasso, des lithographies kitsch à souhait et d'autres babioles farfelues remplissent cette vieille maison aux parquets grinçants. Quelques félins bien vivants se prélassent sur les banquettes près des fenêtres.

❹ Délices à la Patisserie Holtkamp

En arrivant à la **Patisserie Holtkamp** (www.patisserieholtkamp.nl ; Vijzelgracht 15 ; plats 2,45-6,50 € ; 8h30-18h lun-ven, jusqu'à 17h sam, fermé fin juil/mi-août ; 4/7/10/16/24 Weteringcircuit), levez les yeux sur le blason royal doré, fixé sur la façade de brique et surmonté d'une couronne. Cette pâtisserie fournit la famille royale néerlandaise, notamment de *kroketten* (croquettes) aux crevettes, au homard ou au veau.

❺ Antiquités du Quartier Spiegel

Pour meubler leurs somptueuses demeures, les habitants se rendent dans le **Quartier Spiegel** (Nieuwe Spiegelstraat et Spiegelgracht), dans l'espoir de dénicher un superbe vase en faïence de Delft ou une carte murale du XVIe siècle dans une des belles boutiques d'antiquaires.

❻ Au théâtre ce soir

Le **Stadsschouwburg** (624 23 11 ; www.stadsschouwburgamsterdam.nl ; Leidseplein 26 ; guichet 12h-18h lun-sam ; 1/2/5/7/10 Leidseplein), de style néo-Renaissance, a la place d'honneur sur Leidseplein. Cette salle majestueuse (construite en 1894) accueille de grandes productions de théâtre et d'opérette, ainsi que le Holland Festival, la plus grosse manifestation musicale, théâtrale et artistique du pays (en juin). Elle abrite également la principale billetterie d'Amsterdam, où l'on peut trouver des places pour des spectacles partout dans la ville.

❼ Un verre au Café Americain

Prenez une chaise, commandez un cappuccino et observez les passants au **Café Americain** (556 30 10 ; www.cafeamericain.nl ; Leidsekade 97, Eden Amsterdam American Hotel ; 6h30-22h30 ; 1/2/5/7/10 Leidseplein). Ce monument Art nouveau, inauguré en 1902, abrite l'un des plus anciens grands cafés de la ville, doté de grandes fenêtres à vitraux sur Leidseplein, d'une belle table de lecture et d'une grande terrasse.

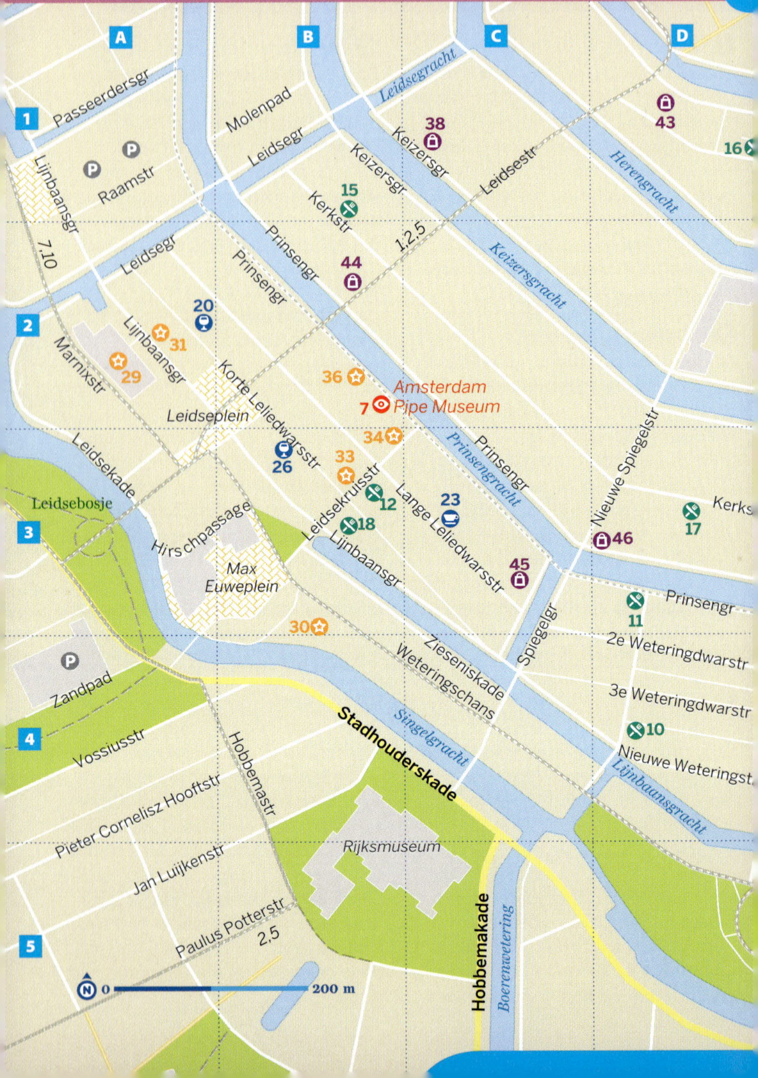

A
B
C
D
1
2
3
4
5
Passeerdersgr
Molenpad
Leidsegracht
Leidsegr
Raamstr
Lijnbaansgr
Keizersgr
Keizersgr
Kerkstr
Leidsestr
Herengracht
Keizersgracht
Prinsengr
Prinsengr
Leidsegr
Lijnbaansgr
Marnixstr
Korte Leliedwarsstr
Leidseplein
Amsterdam Pipe Museum
Leidsekade
Leidsebosje
Leidsekruisstr
Lange Leliedwarsstr
Prinsengracht
Prinsengr
Nieuwe Spiegelstr
Kerks
Hirschpassage
Max Euweplein
Lijnbaansgr
Prinsengr
Spiegelgr
2e Weteringdwarstr
Zieseniskade
Weteringschans
3e Weteringdwarstr
Nieuwe Weteringst
Lijnbaansgracht
Singelgracht
Stadhouderskade
Zandpad
Vossiusstr
Pieter Cornelisz Hooftstr
Hobbemastr
Rijksmuseum
Jan Luijkenstr
Paulus Potterstr
Hobbemakade
Boerenwetering
7,10
1,2,5
2,5
0
200 m
7
10
11
12
15
16
17
18
20
23
26
29
30
31
33
34
36
38
43
44
45
46

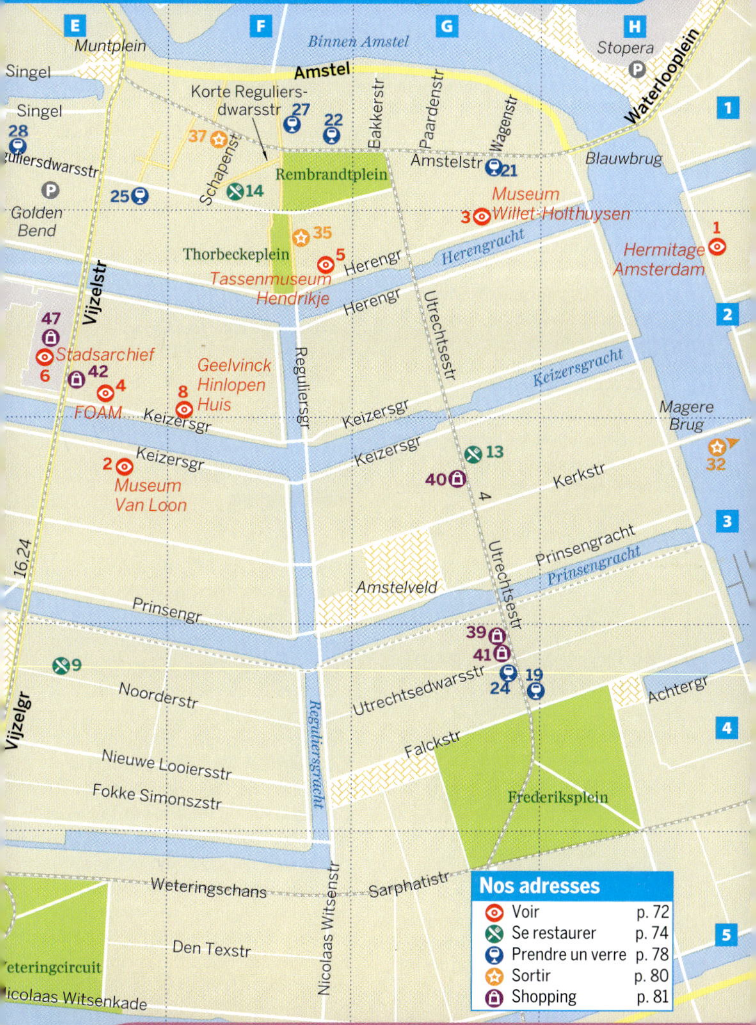
E
F
G
H
Muntplein
Binnen Amstel
Stopera
Singel
Amstel
Waterlooplein
Korte Reguliers-
dwarsstr
Singel
Bakkerstr
Paardenstr
Wagenstr
1
28
27
22
37
Schapenstr
uliersdwarsstr
Amstelstr
21
Blauwbrug
Rembrandtplein
14
25
Golden
Bend
Museum
Willet-Holthuysen
3
35
1
Thorbeckeplein
5
Herengr
Herengracht
Hermitage
Amsterdam
Tassenmuseum
Hendrikje
Herengr
Vijzelstr
2
47
Utrechtsestr
Stadsarchief
Reguliersgr
6
42
4
Geelvinck
Hinlopen
Huis
Keizersgracht
8
FOAM
Keizersgr
Keizersgr
Magere
Brug
2
Keizersgr
Keizersgr
32
13
Museum
Van Loon
40
4
Kerkstr
3
16, 24
Prinsengracht
Prinsengracht
Amstelveld
Utrechtsestr
Prinsengr
39
41
9
19
24
Utrechtsedwarsstr
Noorderstr
Achtergr
Vijzelgr
4
Reguliersgracht
Falckstr
Nieuwe Looiersstr
Fokke Simonszstr
Frederiksplein
Weteringschans
Sarphatistr
Nicolaas Witsenstr
5
Den Texstr
eteringcircuit
icolaas Witsenkade
Nos adresses
Voir p. 72
Se restaurer p. 74
Prendre un verre p. 78
Sortir p. 80
Shopping p. 81

Voir

Hermitage Amsterdam

MUSÉE

1 Plan p. 70, H2

Vu les liens historiques entre la Russie et Amsterdam – où, en 1697, le tsar Pierre le Grand vint étudier l'art de la construction navale –, il n'est pas très étonnant de voir ici une antenne du musée de l'Hermitage de Saint-Pétersbourg. Elle accueille environ deux grandes expositions par an, comme celles portant sur les trésors des palais russes, ou sur les chefs-d'œuvre de Matisse et Picasso. Venez avant 11h pour éviter les longues files d'attente. Photographie interdite. (☎530 74 88 ; www.hermitage.nl ; Amstel 51 ; adulte/enfant 15 €/gratuit ; 10h-17h ; M Waterlooplein, 9/14 Waterlooplein)

À savoir

Photo Op : Reguliersgracht

La vie nocturne animée ferait presque oublier qu'un des canaux les plus romantiques d'Amsterdam coule dans ce quartier. Le **Reguliersgracht**, (4/9/14 Rembrandtplein), dit le "canal aux sept ponts", est particulièrement enchanteur le soir, quand ses arches en dos d'âne scintillent dans les faibles lumières blanches. L'endroit est idéal pour prendre de belles photos et échanger un baiser.

Museum Van Loon

MUSÉE

2 Plan p. 70, E3

Cette demeure de 1672 fut d'abord celle du peintre Ferdinand Bol avant que s'y installe la riche famille Van Loon. Témoin du mode de vie dans ces maisons qui bordent le canal quand régnait l'opulence, elle abrite d'importants tableaux, dont un *Portrait de mariage* de Jan Miense Molenaer et une collection de 150 portraits des Van Loon. (☎624 52 55 ; www.museumvanloon.nl ; Keizersgracht 672 ; adulte/enfant 9/5 € ; 10h-17h ; 16/24 Keizersgracht)

Museum Willet-Holthuysen

MUSÉE

3 Plan p. 70, G2

Construite vers 1672 pour le bourgmestre d'Amsterdam, cette somptueuse demeure fut redécorée au XIXe siècle par Abraham Wilnet qui y rassembla ses collections d'œuvres d'art. Sa veuve légua l'ensemble à la ville, en 1895, à charge d'en faire un musée. Il dépend de l'Amsterdam Museum. Parmi ses trésors figure un centre de table peint par Jacob de Wit qui fait partie d'un service de 273 pièces en porcelaine de Saxe. Son petit jardin à la française, orné d'un cadran solaire, est visible à travers la grille au bout d'Amstelstraat. (☎523 18 22 ; www.willetholthuysen.nl ; Herengracht 605 ; adulte/enfant 8,50/4,25 € ; 10h-17h

Tulipes en bois, au Bloemenmarkt (p. 68)

lun-ven, à partir de 11h sam-dim ; M Waterlooplein, 4/9/14 Rembrandtplein)

FOAM

MUSÉE

4 Plan p. 70, E2

Les grandes salles simples et fonctionnelles, certaines dotées de grandes lucarnes ou de fenêtres laissant filtrer la lumière naturelle, font de ce musée un espace idéal pour contempler les expositions temporaires de grands noms de la photographie tels Sir Cecil Beaton, Annie Leibovitz ou Henri Cartier-Bresson. (Fotografiemuseum Amsterdam ; www.foam.org ; Keizersgracht 609 ; adulte/enfant 10 €/gratuit ; 10h-18h sam-mer, jusqu'à 21h jeu et ven ; 16/24 Keizersgracht)

Tassenmuseum Hendrikje

MUSÉE

5 Plan p. 70, F2

Installé dans un superbe cadre XVIIe siècle, ce musée des sacs réunit plus de 5 000 pièces : la plus grande collection du monde occidental. On y découvre aussi bien une pochette un peu fripée du XVIe siècle que des pièces Art déco, des classiques de Chanel, Gucci ou Versace, le joli sac “Evita” orné de lierre que Madonna portait pour une première ou une housse pour un téléphone à touches des années 1980. (Musée des sacs ; 524 64 52 ; www.tassenmuseum.nl ; Herengracht 573 ; adulte/enfant 12,50/7,50 € ; 10h-17h ; 4/9/14 Rembrandtplein)

Stadsarchief

ARCHIVES

6 Plan p. 70, E2

Les archives d'Amsterdam occupent les locaux d'une banque datant de 1923. En entrant, prenez à gauche en direction de l'immense voûte du sous-sol. Vous y découvrirez, par exemple, le rapport de police concernant le vol du vélo d'Anne Frank (1942). Une petite salle à l'arrière présente des films anciens sur la ville. Visite guidée (adulte/enfant 6 €/ gratuit) à 14h sam-dim, sur réservation. (Archives municipales ; 251 15 11, visites guidées réservation 251 15 10 ; www.stadsarchief.amsterdam.nl ; Vijzelstraat 32 ; entrée libre ; 10h-17h mar-ven, à partir de 12h sam-dim ; 16/24 Keizersgracht)

Amsterdam Pipe Museum

MUSÉE

7 Plan p. 70, B2

Saviez-vous que les Indiens d'Amérique furent les premiers à utiliser des pipes pour fumer, vers 500 ans av. J.-C. ? Ainsi commence l'histoire de la pipe dans ce passionnant musée qui présente une collection privée réunie sur plus de 40 ans à travers quelque 60 pays. Des guides compétents vous font découvrir pipes à opium chinoises, pipes à eau turques, pipes maories sculptées, pipes cérémonielles africaines et bien d'autres. La superbe maison du XVIIe siècle sur le canal mérite à elle seule la visite. (Musée de la pipe ; www.pipemuseum.nl ; Prinsengracht 488 ; adulte/enfant 8/4 € ; musée 12h-18h mer-sam, boutique 11h-18h lun-sam ; 1/2/5 Prinsengracht)

Geelvinck Hinlopen Huis

MUSÉE

8 Plan p. 70, F2

Pénétrez dans la vie d'une riche famille du XVIIe siècle en visitant cette demeure privée de 1687. Ses magnifiques jardins, qui relient l'ancienne remise sur Keizersgracht à la maison principale sur Herengracht, englobent un jardin d'herbes aromatiques, un jardin à l'anglaise et un jardin à la française orné du plus grand bassin privé de la ville. Possibilité de visite guidée en anglais de l'intérieur. Des concerts, souvent avec des instruments anciens, ont lieu le dimanche à 16h45 (ticket adulte/ enfant à partir de 18/12 €). (639 07 47 ; www.geelvinck.nl ; Keizersgracht 633 ; adulte/ enfant 9/4,50 € ; 11h-17h mer-lun ; 16/24 Keizersgracht)

Se restaurer

Restaurant Fyra

CUISINE MODERNE EUROPÉENNE **€€€**

9 Plan p. 70, E4

Dans ce restaurant favori des habitants gastronomes, le chef utilise souvent les légumes et herbes de son jardin pour concocter avec esprit ses mets : soupe aux petits pois et crevettes locales à la menthe, filet au barbecue et mousseline de pommes de terre, pêches marinées avec yaourt hollandais, meringue et sirop de grenade. Belle sélection de fromages et de vins. (428 36 32 ; www.restaurantfyra.nl ; Noorderstraat 19-23 ; menu 2/4/5/6 plats 36/42,50/47,50/52,50 € ; 18h-23h ; 16/24 Weteringcircuit)

La Cacerola

BRÉSILIEN €€

10 Plan p. 70, D4

Dans ce bijou de restaurant rustico-romantique, la cuisine est préparée selon les méthodes traditionnelles et les principes de la *slow food* – bar sauvage mariné au citron vert, carré d'agneau de lait aux épices ou la spécialité maison, le *churrasco de picanha* (steak grillé au charbon de bois avec une purée de potiron épicée). Si vous hésitez, optez pour le menu surprise du chef (4 plats, 34,50 €). Excellent service. (627 93 97 ; www.restaurantlacacerola.nl ; Weteringstraat 41 ; plats 21,50-24,50 € ; 18h-22h30 mar-sam ; 7/10 Spiegelgracht)

Buffet van Odette

CAFÉ €€

11 Plan p. 70, D3

Pas de buffet, mais un café aéré avec une jolie terrasse au bord du canal, où Odette montre que les mets simples préparés avec de bons ingrédients et une once de fantaisie peuvent être délicieux. Soupes, sandwichs, pâtes et quiches, le plus souvent bio, sont agrémentés de pignons, fromage à la truffe ou autre petit extra. (423 60 34 ; www.buffetvanodette.nl ; Prinsengracht 598 ; plats déj 8-15,50 €, dîner 15,50-19 € ; cuisine 10h-22h ; ; 7/10 Spiegelgracht)

Pantry

NÉERLANDAIS €€

12 Plan p. 70, B3

Murs lambrissés et lumières douces contribuent au côté *gezellig* (agréable, convivial) de ce petit restaurant qui sert les classiques hollandais : *haring met uitjes en zuur* (harengs salés, oignons et pickles), *zuurkool stamppot* (purée de pommes de terre à la choucroute avec saucisse fumée ou boulettes de viande), *hutspot* (potée de bœuf, à la carotte et aux oignons) ou *stroopwafelijs* (fines gaufres fourrées de caramel servies avec de la glace). (620 09 22 ; thepantry.nl ; Leidsekruisstraat 21 ; plats 13-18 €, menu 3 plats 20-28 € ; 11h-22h30 ; ; 1/2/5 Leidseplein)

Comprendre

Hareng, mode d'emploi

"Hollandse Nieuwe" désigne les prises de harengs du mois de juin. Les Néerlandais raffolent de ce poisson salé, et des vendeurs en proposent à tous les coins de rue. Si la tradition néerlandaise veut que l'on glisse le hareng dans sa bouche, la tête renversée en arrière, il n'en va pas ainsi à Amsterdam où le poisson, coupé en petits cubes, se picore plus volontiers accompagné d'*eitjes* (oignons émincés) et de *zuur* (pickles). Délicieux, le *broodje haring* est encore plus pratique, puisque le pain du sandwich évite que l'on se graisse les doigts.

Tempo Doeloe

INDONÉSIEN **€€€**

13 Plan p. 70, G3

Régulièrement classé parmi les meilleurs indonésiens d'Amsterdam, Tempo Doeloe offre un cadre et un service élégants sans en faire trop. On peut en dire autant de son *rijsttafel* (littéralement "table de riz"), souvent surfait ailleurs, mais qui offre ici un délicat éventail de mets indonésiens. Attention : les plats indiqués "*very hot*" sont explosifs. Excellente carte des vins. (625 67 18 ; www.tempodoeloerestaurant.nl ; Utrechtsestraat 75 ; plats 23,50-38,50 €, rijsttafel et menus fixes 29-49 € ; 18h-23h30 lun-sam ; ; 4 Prinsengracht)

Van Dobben

SANDWICHS **€**

14 Plan p. 70, F1

Vénérable institution ouverte dans les années 1940, avec des murs carrelés de blanc et des serveurs en veste blanche qui plaisantent volontiers. Les plats de viande traditionnels sont sa spécialité : goûtez au *pekelvlees* (viande se rapprochant du corned-beef) ou au *halfom* (la même chose, mélangée à du foie). (624 42 00 ; www.eetsalonvandobben.nl ; Korte Reguliersdwarsstraat 5-9 ; menus 2,75-8 € ; 10h-21h lun-mer, 10h-1h jeu, 10h-2h ven-sam, 10h30-20h dim ; 4/9/14 Rembrandtplein)

100% amstellodamois

Piet de Leeuw

Spécialisé dans la viande grillée depuis les années 1940, **Piet de Leeuw** (623 71 81 ; www.pietdeleeuw.nl ; Noorderstraat 11 ; plats 12,50-21,50 € ; 12h-22h30 lun-ven, à partir de 17h sam-dim ; 16/24 Keizersgracht) conserve presque inchangé son cadre sombre et chaleureux. Si vous n'avez pas de table privative, vous pourrez peut-être lier amitié à la table commune. Le pavé de bœuf, servi avec des frites brûlantes, est délicieux.

Ron Gastrobar Oriental

ASIATIQUE **€€**

15 Plan p. 70, B1

Ron Blaauw a créé une petite révolution quand il a échangé ses étoiles au Michelin contre une carte de plats à prix unique dans le style tapas, au Ron Gastrobar (p. 98) près du Vondelpark. Ici, il a renouvelé le concept sur le mode asiatique avec dim sums au foie gras, poulet sauce cacahuètes, steak Wagyu tartare, côtelettes de porc à l'orientale, crevettes croustillantes ou canard rôti à la pékinoise. (223 53 52 ; www.rongastrobaroriental.nl ; Kerkstraat 23 ; plats 15 € ; 17h30-23h ; ; 1/2/5 Prinsengracht)

Bar Huf

AMÉRICAIN **€**

16 Plan p. 70, D1

Vous pouvez y prendre juste un verre, mais le Bar Huf prend tout son attrait pour dîner en fin de soirée. Bien après que les restaurants voisins ont fermé, on peut encore y déguster cinq types de burgers (Mango Jerry : crabe, *coleslaw* et mayonnaise au wasabi ; Rocky

HEMIS / ALAMY PHOTO STOCK ©

De Kroon (p. 78)

Balboa : poulet, *jalapeños* et cheddar), des côtelettes au rhum et à la pomme, des macaronis aux 5 fromages ou de la tarte au citron meringuée. (barhuf.nl ; Reguliers-dwarsstraat 43 ; plats 8,50-14,50 € ; cuisine 16h-minuit dim-jeu, jusqu'à 1h ven-sam ; ; 1/2/5 Koningsplein)

Lavinia Good Food

VÉGÉTARIEN €

17 Plan p. 70, D3

Minipizzas, burgers aux champignons, salades de pâtes ou de pois chiches, sandwichs avec sauce à la mangue, à l'houmous ou au guacamole font du Lavinia une délicieuse escale même sans être végétarien. (www.laviniagoodfood.nl ; Kerkstraat 176 ; plats 4,50-8,50 € ; 8h30-16h lun-ven, 9h30-17h sam-dim ; ; 16/24 Keizersgracht)

In de Buurt

INTERNATIONAL €€

18 Plan p. 70, B3

Terrasse au bord du canal ou intérieur sobre (murs en brique nue et suspensions en acier brossé) invitent à la détente pour savourer de délicieux miniburgers avec de la mayonnaise à la truffe et des tomates cerises, des cannellonis aux épinards et au fromage de chèvre hollandais ou de la dorade grillée à l'huile d'estragon. Le top du top : un brownie au chocolat et noix de pécan maison avec sauce au chocolat blanc. (indebuurt-amsterdam.nl ; Lijnbaansgracht 246 ; plats 14,50-20,50 € ; cuisine 17h-22h lun-jeu, à partir de 15h ven et de 14h sam-dim ; 1/2/5 Leidseplein)

Prendre un verre

Bar Moustache

BAR

19 Plan p. 70, G4

Repaire branché, ce café-bar de style loft, conçu dans un esprit minimaliste par Stella Willing, a des tables communes et des tables privatives, ainsi que deux banquettes, adossées à la fenêtre, très convoitées pour observer l'animation sur Utrechtsestraat. Belle carte italienne dans le style épuré et grand choix de boissons, notamment de vins italiens au verre. (www.barmoustache.nl ; Utrechtsestraat 141 ; 8h-1h lun-jeu, 8h-3h ven, 9h-3h sam, 9h-1h dim ; 4 Prinsengracht)

Eijlders

CAFÉ BRUN

20 Plan p. 70, A2

Durant la Seconde Guerre mondiale, ce café était le rendez-vous des artistes refusant de se plier à la ligne culturelle imposée par les nazis. C'est toujours un rendez-vous d'artistes, avec régulièrement des lectures de poésie (parfois en anglais), des jam-sessions et des expositions. (www.cafeeijlders.nl ; Korte Leliedwarsstraat 47 ; 16h30-1h lun-mer, 12h-1h jeu et dim, 12h-2h ven-sam ; 1/2/5/7/10 Leidseplein)

Air

CLUB

21 Plan p. 70, G1

Haut lieu de la nuit amstellodamoise, Air a été conçu dans le respect de l'environnement par le designer néerlandais Marcel Wanders avec une piste de danse unique en gradins. On apprécie les casiers à clés et les cartes de boissons (qui évitent de s'embêter avec la monnaie aux 5 bars). Son impressionnante sonorisation attire le top des DJ. Disco, house, techno, hip-hop, la musique varie. Les horaires aussi. Soignez votre tenue vestimentaire. (www.air.nl ; Amstelstraat 16 ; jeu-dim ; 4/9/14 Rembrandtplein)

De Kroon

GRAND CAFÉ

22 Plan p. 70, F1

Hauts plafonds, fauteuils de velours, superbe escalier menant au 2e étage surplombant Rembrandtplein (également un ascenseur) : après restauration, De Kroon a retrouvé sa splendeur d'origine (1898). Installé dans le bar décoré comme une bibliothèque anglaise, vous pourrez admirer l'étonnant matériel médical du XIXe siècle. (www.dekroon.nl ; Rembrandtplein 17 ; 16h-1h lun-jeu, 16h-4h ven, 11h-4h sam, 11h-1h dim ; 4/9/14 Rembrandtplein)

Sweet Cup

CAFÉ

23 Plan p. 70, C3

Tenu par un couple néerlandais jeune et bon vivant, cette micro-brûlerie, qui fournit nombre de cafés locaux, vend du café en grains. On peut aussi boire un café sur place ou l'emporter : au choix cinq styles d'expresso et cinq cafés lentement infusés. (www.sweetcupcafe.com ; Lange Leliedwars-straat 101 ; 8h-18h lun et mer-ven, 9h-18h sam, 11h-18h dim ; 1/2/5 Leidseplein)

Pata Negra

BAR À VINS

24 Plan p. 70, G4

Ce bar à tapas espagnol fait de sublimes margaritas au citron pressé. Sa façade rustique ornée de carreaux ne laisse pas deviner l'animation à l'intérieur, en particulier le week-end quand la foule se presse en avalant sangrias, crevettes frites à l'ail et sardines grillées (tapas 4,50-10 €). (www.pata-negra.nl ; Utrechtsestraat 124 ; 12h-1h dim-jeu, jusqu'à 3h ven-sam ; 4 Prinsengracht)

Door 74

BAR À COCKTAILS

25 Plan p. 70, E1

Il faut laisser un message sur le répondeur ou envoyer un SMS pour entrer dans ce bar à cocktails que rien ne signale de l'extérieur. Bois sombre et plafond en étain contribuent à son élégante ambiance de bar clandestin. On y sert parmi les meilleurs cocktails d'Amsterdam avec une carte à thème qui change régulièrement. Très cool ! (06 3404 5122 ; www.door-74.nl ; Reguliersdwarsstraat 74 ; 20h-3h dim-jeu, jusqu'à 4h ven-sam ; 9/14 Rembrandtplein)

Van Dyck Bar

CLUB

26 Plan p. 70, B3

DJ, sono et jeux de lumière déchaînent les foules sur le dance floor : on se croirait à Ibiza ! Il n'y a généralement pas de droit d'entrée avant minuit, mais soignez la tenue pour passer la porte. (www.vandyckbar.com ; Korte Leliedwarsstraat 28-32 ; 22h-4h

100% amstellodamois

Utrechtsestraat

À deux pas de l'animation tapageuse de Rembrandtplein, **Utrechtsestraat** est une artère tranquille, jalonnée de charmantes boutiques, bars lounge et restaurants confortables. C'est un endroit propice à la flânerie et très apprécié de la population. L'extrémité sud de la rue se terminait autrefois à Utrechtse Poort, une porte vers la ville voisine d'Utrecht, d'où son nom.

mer, jeu et dim, jusqu'à 5h ven-sam ; 1/2/5/7/10 Leidseplein)

Montmartre

BAR GAY

27 Plan p. 70, F1

Souvent considéré comme le meilleur bar gay du Benelux : il suffit de s'y rendre un soir animé de week-end pour comprendre pourquoi. Les clients s'y égosillent sur des balades néerlandaises et de vieux tubes. (www.cafemontmartre.nl ; Halvemaansteeg 17 ; 17h-1h dim-jeu, jusqu'à 4h ven-sam ; 4/9/14 Rembrandtplein)

Taboo Bar

BAR GAY

28 Plan p. 70, E1

Deux verres pour le prix d'un pendant les *happy hours* (18h-19h et minuit-1h, plus 18h-20h le dimanche). Le mercredi, c'est soirée cocktails. Ils sont alors à 6 €, avec spectacle de travestis et compétitions osées. (www.taboobar.nl ; Reguliersdwarsstraat 45 ; 17h-3h lun-jeu, 17h-4h ven, 16h-4h sam, 16h-3h dim ; ; 1/2/5 Koningsplein)

Sortir

Melkweg

CONCERTS, CLUB

29 Plan p. 70, A2

Installée dans une ancienne laiterie, la “Voix lactée” (à but non lucratif) offre une programmation musicale variée (electronica, reggae, punk ou heavy metal). Chanteurs-compositeurs de roots rock, de rock and roll ou de romances : tous ont leur place sur scène. Consultez le site pour les films d'avant-garde, le théâtre et les activités multimédia. (www.melkweg.nl ; Lijnbaansgracht 234a ; 18h-1h ; 1/2/5/7/10 Leidseplein)

Paradiso

CONCERTS, CLUB

30 Plan p. 70, B3

Ce club historique, logé dans une superbe église désaffectée, a ouvert en 1968 sous le nom de “Cosmic Relaxation Center Paradiso”. En milieu de semaine, un droit d'entrée modique permet de découvrir de jeunes groupes dans la petite salle à l'étage. Mais ce temple du rock prend toute sa mesure quand des artistes comme White Stripes ou Lady Gaga font vibrer les vitraux de la grande salle. (622 45 21 ; www.paradiso.nl ; Weteringschans 6 ; horaires variables ; 1/2/5/7/10 Leidseplein)

Bon plan

Billets à tarifs réduits

Pas de projets pour la soirée ? Faites un saut au guichet de **Last Minute Ticket Shop** (624 23 11 ; www.lastminuteticketshop.nl ; Leidseplein 26 ; boutique 12h-18h, vente en ligne à partir de 10h ; 1/2/5/7/10 Leidseplein), du côté terrasse du Stadsschouwburg sur Leidseplein. Les billets pour le jour même – théâtre, ballet ou concert – sont vendus moitié prix. La mention “LNP” (“language no problem”) signifie qu'il n'est pas nécessaire d'être néerlandophone pour profiter du spectacle.

Sugar Factory

CONCERTS, CLUB

31 Plan p. 70, A2

L'ambiance de ce “théâtre de nuit multidisciplinaire d'avant-garde”, comme il se définit lui-même, est chaleureuse et créative. Il programme presque tous les soirs un concert, un film, un spectacle de danse ou de slam, puis la salle se transforme en piste de danse. Le dimanche, pendant la soirée Wicked Jazz Sounds, DJ, musiciens, chanteurs et comédiens improvisent. (www.sugarfactory.nl ; Lijnbaansgracht 238 ; 18h-5h ; 1/2/5/7/10 Leidseplein)

Koninklijk Theater Carré

ARTS DU SPECTACLE

32 Plan p. 70, H3

La famille Carré, qui débuta sa carrière avec des numéros équestres à la foire annuelle, fit bâtir ce théâtre en 1887. Derrière sa façade ornée de visages de bouffons, de danseurs et d'acteurs, il accueille des comédies musicales, des pièces et des ballets importants... et le fameux cirque de Noël ! Visite guidée le samedi matin en anglais et en néerlandais. (☎524 94 52 ; carre.nl ; Amstel 115-125 ; visite adulte/enfant 9,50/6,50 € ; 🕒billetterie 9h-21h lun-ven, 10h-20h sam-dim, visite de 1 heure 11h sam ; Ⓜ Weesperplein)

Jazz Café Alto

JAZZ

33 ★ Plan p. 70, B3

Au cœur du quartier touristique, ce club de jazz réputé est si petit qu'on est au plus près des musiciens. Le mardi est consacré à la salsa et au latin jazz. Les portes ouvrent à 21h et les concerts commencent vers 22h – arrivez tôt pour avoir une place. (www.jazz-cafe-alto.nl ; Korte Leidsedwarsstraat 115 ; 🕒à partir de 21h ; 🚋1/2/5/7/10 Leidseplein)

Bourbon Street Jazz & Blues Club

JAZZ, BLUES

34 ★ Plan p. 70, B3

Un club intimiste et éclectique. Lundi : jam-sessions ouvertes à tous. Mardi : soul et reggae. Mercredi : blues et rock. Jeudi : soul et funk. Vendredi : rock, pop et latino. Samedi : pre-rock. Et dimanche : world, folk et samba. Entrée libre avant 23h, heure où débutent la plupart des concerts. (www.bourbonstreet.nl ; Leidsekruisstraat 6-8 ; 🕒22h-4h dim-jeu, jusqu'à 5h ven-sam ; 🚋1/2/5 Prinsengracht)

De Heeren van Aemstel

MUSIQUE LIVE

35 ★ Plan p. 70, F2

Les étudiants, en particulier, affluent dans ce club aux airs de grand café où défilent des groupes de pop, de rock et de grands groupes. (www.deheerenvanaemstel.nl ; Thorbeckeplein 5 ; 🕒12h-3h lun-jeu, jusqu'à 4h ven-sam ; 🚋4/9/14 Rembrandtplein)

Cave

MUSIQUE LIVE

36 ★ Plan p. 70, B2

Ce lieu "underground" (par son genre et sa localisation dans une cave) accueille des groupes de hard-rock et de metal du jeudi au samedi. Le reste de la semaine, des DJ officient. (☎626 89 39 ; www.thecave.nl ; Prinsengracht 472 ; musique live à partir de 5 € ; 🕒20h-3h dim-jeu, jusqu'à 4h ven-sam ; 🚋1/2/5 Prinsengracht)

Pathé Tuschinskitheater

CINÉMA

37 ★ Plan p. 70, F1

Le cinéma le plus célèbre de la capitale mérite une visite pour son somptueux intérieur Art déco/école d'Amsterdam. La *grote zaal* (grande salle) diffuse généralement des blockbusters ; les plus petites salles sont réservées aux films d'art et d'essai et indépendants. (www.pathe.nl ; Reguliersbreestraat 26-34 ; 🕒11h30-0h30 ; 🚋4/9/14 Rembrandtplein)

Shopping

Young Designers United

MODE

38 🛍 Plan p. 70, C1

Vitrine de jeunes stylistes néerlandais, cette boutique de mode pour femmes renouvelle souvent ses portants et pratique des prix abordables. Découvrez les basiques indémodables d'Agna K, des leggings faits à la main de Leg-Inc, des robes géométriques de Fenny

Faber ou la mode "entre romantique et punk rock grunge" de Jutka en Riska. Beau choix de bijoux et de sacs. (YDU ; www.ydu.nl ; Keizersgracht 447 ; 13h-18h lun, 10h-18h mar-mer, ven-sam, 10h-20h jeu ; 1/2/5 Keizersgracht)

MaisonNL ARTICLES POUR LA MAISON, MODE

39 Plan p. 70, G4

Ce petit concept store tient à la fois de la galerie d'art et de l'élégant appartement. Services à thé, lampes ou châles, chaussures de bébé, bijoux ou sacs en cuir, tout est y joliment présenté. Rayon vêtements également. (www.maisonnl.com ; Utrechtsestraat 118 ; 13h-18h lun, 10h30-18h mar-sam, 13h-17h dim ; 4 Prinsengracht)

Mobilia MOBILIER, DÉCORATION

40 Plan p. 70, G3

Formidable vitrine du design néerlandais et international, Mobilia crée, sur trois niveaux, des ambiances de vie avec des canapés, bureaux, bibliothèques, luminaires, coussins, tapis et autres éléments conçus par des créateurs jeunes ou établis. (www.mobilia.nl ; Utrechtsestraat 62 ; 9h30-18h lun-sam ; 4 Prinsengracht)

Centre Neuf MODE

41 Plan p. 70, G4

Les amateurs de mode adorent Centre Neuf pour ses pièces d'IRO, de Pomandère, YMC, Marc by Marc Jacobs, Athé by Vanessa Bruno, Aaiko, Dante 6 ou Avril Gau. Luxueux sacs et chaussures. (centreneuf.com ; Utrechtsestraat 120 ; 13h-18h lun, 10h-18h mar-sam, 13h-17h dim ; 4 Prinsengracht)

Skateboards Amsterdam ARTICLES DE SPORT

42 Plan p. 70, E2

Les fans de skate se retrouvent dans cette boutique indépendante pour acheter cruisers, longboards, chaussures, vêtements (T-shirts Spitfire et Skate Mental notamment), casquettes, sacs, livres et musique. (skateboardsamsterdam.nl ; Vijzelstraat 77 ; 13h-18h dim-lun, 11h-18h mar-mer, ven-sam, 11h-20h jeu ; 16/24 Keizersgracht)

Marañon Hangmatten HAMACS

43 Plan p. 70, D1

Le temple du hamac, avec le plus grand choix d'Europe : toutes les couleurs, dans toutes les matières, du coton jusqu'aux fibres d'ananas, aussi bien de fabrication artisanale que produits par de grandes manufactures. Expédition dans le monde entier. (www.maranon.net ; Singel 488 ; 10h30-17h15 lun-ven, 10h-17h30 sam, 10h30-17h dim ; 1/2/5 Koningsplein)

Cora Kemperman MODE

44 Plan p. 70, B2

Après avoir travaillé pour plusieurs grandes maisons de couture néerlandaises, Kemperman dirige son propre empire depuis 1995, qui compte neuf boutiques, dont trois en Belgique. Ses créations à prix raisonnables en lin, coton et laine font la part belle aux couleurs vives, aux coupes amples et aux superpositions. (625 12 84 ;

Eduard Kramer

www.corakemperman.nl ; Leidsestraat 72 ; 12h-18h dim et lun, 10h-18h mar, mer, ven et sam, 10h-21h jeu ; 1/2/5 Prinsengracht)

Tinkerbell

ENFANTS

45 Plan p. 70, C3

Les enfants sont fascinés par l'ours mécanique qui fait des bulles à côté de la porte. Excellent choix de jouets en bois, déguisements, peluches et autres jouets sans piles. (www.tinkerbelltoys.nl ; Spiegelgracht 10 ; 13-18h lun, 10h-18h mar-sam, 12h-17h dim ; 7/10 Spiegelgracht)

Eduard Kramer

ANTIQUITÉS

46 Plan p. 70, D3

Spécialisé dans les carreaux néerlandais anciens, ce petit magasin regorge de quantité d'autres objets intéressants – chandeliers en argent, carafes en cristal, bijoux ou montres gousset. (www.antique-tileshop.nl ; Prinsengracht 807 ; 11h-18h lun, 10h-18h mar-sam, 13h-18h dim ; 7/10 Spiegelgracht)

Stadsboekwinkel

LIVRES

47 Plan p. 70, E2

Tenue par l'imprimeur de la ville, cette librairie est une référence en matière d'histoire locale, de développement urbain, d'écologie et de politique. La plupart des titres sont en néerlandais. Elle est située dans le bâtiment des archives (p. 74). (www.stadsboekwinkel.nl ; Vijzelstraat 32 ; 10h-17h mar-ven, à partir de 12h sam-dim ; 16/24 Keizersgracht)

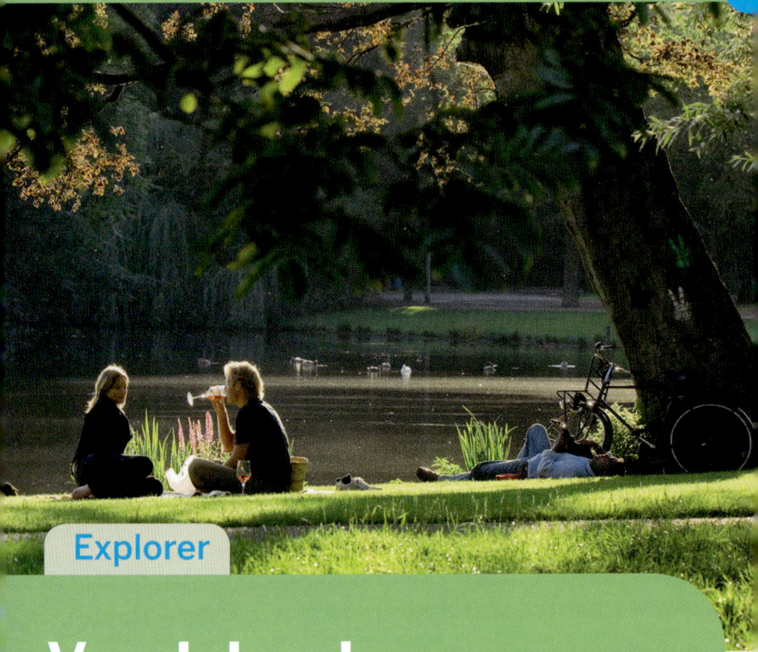

Explorer

Vondelpark et Vieux Sud

Souvent appelé le “quartier des musées”, le Vieux Sud rassemble trois prestigieuses collections (Van Gogh, Stedelijk et Rijks). C’est l’un des quartiers les plus cossus d’Amsterdam, avec d’impressionnantes demeures érigées le long des rues arborées. Juste à côté, Vondelpark est le poumon vert de la ville, où joggeurs, pique-niqueurs, joueurs d’accordéon et enfants cohabitent joyeusement.

L'essentiel en un jour

Faites le tour du beau **Vondelpark** (p. 94). Étendu mais étroit (1 500 m de longueur pour 300 m de largeur), ce parc s'explore facilement en une matinée. Dans l'enceinte du parc, **Het Groot Melkhuis** (p. 102) et d'autres établissements sont de bonnes adresses pour faire une pause et humer l'atmosphère.

Consacrez l'après-midi à l'art (quand l'affluence faiblit légèrement). Prenez des forces en déjeunant d'un plat de viande à l'**Entrecôte et les Dames** (p. 100), dans le Vieux Sud, avant de mettre le cap sur le **musée Van Gogh** (p. 86) et le **Rijksmuseum** (p. 90). Si vous avez le temps et le courage, terminez par le moderne **Stedelijk Museum** (p. 97). Les trois musées sont proches les uns des autres.

Les rues des alentours d'Overtoom et Amstelveenseweg abondent en restaurants chics. Au dîner, optez pour des tapas hollandaises branchées chez **Ron Gastrobar** (p. 98) ou pour l'élégance de la grande cuisine chez **Adam** (p. 99). Ensuite, assistez à un spectacle gratuit en plein air à l'**Openluchttheater** (p. 102) ou à un concert de musique classique au **Concertgebouw** (p. 102), dont l'acoustique est extraordinaire.

Les incontournables

Musée Van Gogh (p. 86)

Rijksmuseum (p. 90)

Vondelpark (p. 94)

Le meilleur du quartier

Musées

Stedelijk Museum (p. 97)

Se restaurer

Ron Gastrobar (p. 98)

Restaurant Blauw (p. 100)

Braai BBQ Bar (p. 99)

Sortir

Concertgebouw (p. 102)

OCCII (p. 103)

Prendre un verre et faire la fête

Franklin (p. 100)

Shopping

Boutique des musées du Museumplein (p. 103)

Comment y aller

Tram Les lignes 2 et 5 relient le centre-ville aux musées du Museumplein, ainsi qu'à l'entrée principale du Vondelpark. Le tram 1 est pratique pour les sites d'intérêt à l'intérieur du Vondelpark, et pour les bars et restaurants le long d'Overtoom.

Les incontournables
Musée Van Gogh

La plus importante collection de tableaux de Van Gogh au monde rassemble un nombre impressionnant de chefs-d'œuvre. Inauguré en 1973 pour accueillir la collection de Théo, frère de Vincent et marchand d'art, le musée abrite quelque 200 tableaux et 500 dessins de Vincent et de ses contemporains, parmi lesquels Gauguin et Monet. L'occasion parfaite de suivre l'évolution du travail de Van Gogh, de ses toiles sombres représentant des paysans aux Pays-Bas aux couleurs éclatantes des paysages du midi de la France.

Plan p. 96, D3

570 52 00

www.vangoghmuseum.nl

Paulus Potterstraat 7

adulte/enfant 17 €/gratuit

9h-18h dim-jeu, jusqu'à 22h ven-sam

2/3/5/12 Van Baerlestraat

Musée Van Gogh

À ne pas manquer

Entrée et répartition des salles

L'étincelant nouveau hall d'entrée en verre, inauguré en 2015, agrandit les lieux de 800 m^2. Le musée est réparti sur 4 niveaux, du Niveau 0 (ou rez-de-chaussée) au Niveau 3. Les tableaux n'ont pas véritablement de place fixe, puisque leur accrochage s'effectue en fonction du thème d'exposition en cours (par exemple la représentation de la nature chez Van Gogh). Les œuvres phares à voir absolument sont indiquées ci-après.

Les Mangeurs de pommes de terre

Ses premiers travaux se caractérisent par des tableaux sombres, qui datent de l'époque où il vivait dans la campagne néerlandaise et à Anvers entre 1883 et 1885. Ils reflètent l'intérêt porté aux paysans, *Les Mangeurs de pommes de terre* (1885) est son œuvre la plus connue de cette période.

Une Bible et un squelette

Nature morte à la Bible ouverte (1885), autre œuvre des débuts, témoigne de l'inclination religieuse du peintre. La chandelle consumée représenterait la mort alors récente de son père, un pasteur protestant. Le *Crâne de squelette fumant une cigarette* (1886) fut réalisé à l'époque où Van Gogh était étudiant à l'Académie royale des beaux-arts d'Anvers.

Autoportraits

En 1886, Van Gogh emménage à Paris où son frère Théo travaille comme marchand d'art. Vincent souhaite maîtriser l'art du portrait, mais, trop pauvre pour payer des modèles, il en est réduit à peindre des autoportraits. Sa palette s'éclaircit et s'avive sous l'influence des peintres impressionnistes de Paris.

À savoir

- Pour éviter une trop longue attente, essayez d'arriver après 15h.
- Cartes de réduction et e-billets préréservés réduisent l'attente. Les détenteurs de la I Amsterdam Card ont accès à une file séparée.
- Les e-billets, disponibles sur Internet ou dans les offices du tourisme, sans supplément, doivent être imprimés.
- Planifiez votre visite le vendredi soir, quand le musée ferme tard, sert des boissons et accueille des manifestations culturelles.

Une petite faim ?

Attablez-vous près des baies vitrées du café du musée, et grignotez une quiche avec un verre de vin. Vue sur le verdoyant Museumplein. L'ouverture du restaurant est calquée sur celle du musée. Vous pouvez aussi longer quelques pâtés de maisons jusqu'à l'Entrecôte et les Dames (p. 100) pour des desserts dans une salle ravissante.

Les Tournesols

En 1888, Van Gogh s'installe à Arles, en Provence, pour se consacrer au paysage. Les *Tournesols* (1889) et autres fleurs qui rendent l'éclatante lumière méditerranéenne datent de cette période.

La Maison jaune et *La Chambre*

Parmi les autres toiles de la période d'Arles figure *La Maison jaune* (1888), qui représente la maison que Van Gogh louait en ville pour essayer d'y lancer une communauté d'artistes avec Gauguin. *La Chambre d'Arles* (1888) dépeint la pièce où Van Gogh dormait. C'est en 1888 qu'il se coupa l'oreille.

Champ de blé aux corbeaux

Van Gogh se fait interner à l'asile de Saint-Rémy en 1889. Il y peint plusieurs paysages avec des cyprès et des oliviers, ainsi que ses fameux *Iris*. En 1890, il repart vers le nord et s'établit à Auvers-sur-Oise. L'une de ses dernières toiles, *Champ de blé aux corbeaux* (1890), semblable à un mauvais présage, est achevée peu de temps avant son suicide.

Carnets de croquis et lettres

Des expositions viennent mettre les tableaux en valeur. On voit ainsi l'authentique carnet de croquis de Van Gogh aux côtés d'un kiosque interactif permettant de voir sa reproduction. Le musée a numérisé toute sa correspondance, consultable en ligne sur www.vangoghletters.org (accès avec votre smartphone, Wi-Fi gratuit).

Autres artistes

Grâce à Théo Van Gogh mais aussi aux conservateurs du musée, on peut voir les tableaux de contemporains du peintre, dont Gauguin, Monet et Toulouse-Lautrec.

Aile des expositions

L'architecte Gerrit Rietveld a conçu le bâtiment principal. Une structure indépendante (1999) s'étend derrière lui en direction du Museumplein. Dessinée par Kisho Kurokawa, elle est surnommée "la Moule". Elle accueille des expositions temporaires consacrées à de grands noms de l'art.

Comprendre

Gloire d'outre-tombe

Si Van Gogh est depuis longtemps considéré comme un peintre majeur, il n'a vendu qu'une seule toile de son vivant (*La Vigne rouge*, exposée au musée Pouchkine de Moscou). La célébrité ne viendra que quelques décennies après sa mort, grâce à l'épouse de son frère Théo, Johanna. Issue d'une riche famille amstellodamoise, Johanna usa de ses relations pour promouvoir l'œuvre de Vincent. Ses efforts furent récompensés, puisque le *Portrait du docteur Gachet* (82 millions de dollars) et *Les Iris* (54 millions de dollars) comptent parmi les tableaux les plus chers jamais vendus. On est loin des 400 francs que Van Gogh empochait pour une toile.

Musée Van Gogh

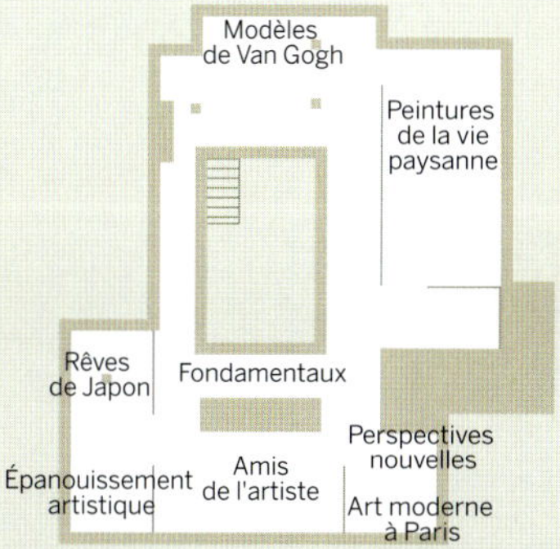

1er étage

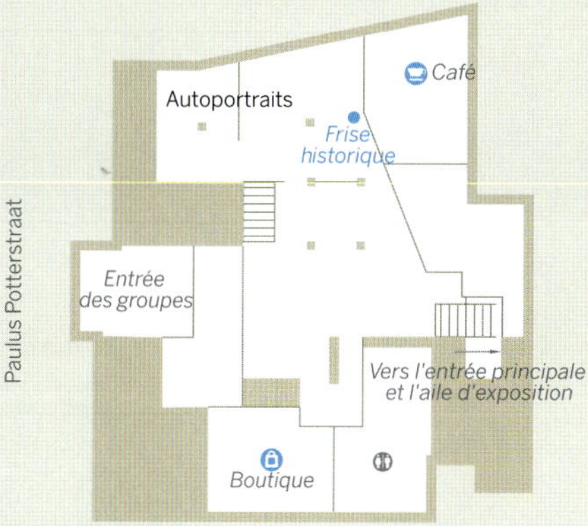

Rez-de chaussée

Les incontournables
Rijksmuseum

Le Rijksmuseum (Musée national) est le musée phare des Pays-Bas, et nul visiteur digne de ce nom ne saurait faire l'impasse sur lui. Il fut conçu à l'origine comme conservatoire de plusieurs grandes collections nationales, dont des œuvres d'art appartenant à la famille royale. Aujourd'hui, ses espaces d'exposition (80 galeries distinctes s'étendant sur 1,5 km) accueillent des Rembrandt, des Vermeer, des faïences et d'innombrables autres trésors. Deux ou trois heures suffisent à admirer les incontournables, mais les amoureux de l'art les plus passionnés s'attarderont plus longtemps.

Musée national

Plan p. 96, E2

674 70 00

www.rijksmuseum.nl

Museumstraat 1

adulte/enfant 17,50 €/gratuit

9h-17h

2/5 Rijksmuseum

Rijksmuseum

À ne pas manquer

Niveau 2 : chefs-d'œuvre du Siècle d'or

Les plus grandes œuvres du musée sont exposées dans la galerie d'Honneur, au niveau 2. Après avoir franchi le tourniquet d'entrée, passez tout droit devant le comptoir des audioguides et empruntez l'escalier (à côté du panneau indiquant "The Collection"). Rebroussez chemin jusqu'au prochain escalier et montez-le en suivant les panneaux "1600-1700". Parvenu à la Grande salle (Great Hall), poussez les portes vitrées et contemplez les plus belles œuvres du Siècle d'or.

Frans Hals

La première salle expose plusieurs tableaux de Frans Hals. Sa technique consistant à peindre à grands traits de pinceau conférait à sa peinture une fluidité unique pour son époque, dans *Le Joyeux Buveur* (1628-1630) notamment. Nul ne sait qui est l'homme au verre de bière, mais à l'évidence, il s'octroie du bon temps après une journée de dur labeur.

Johannes (Jan) Vermeer

La salle suivante renferme les œuvres populaires de Vermeer. Observez sa rêveuse *Laitière* (1660), qui illustre son fameux souci du détail (les trous dans le mur, l'ombre du clou...). Dans *La Femme en bleu lisant une lettre* (1663), le peintre a recours à un style différent. Il ne montre que certaines parties des objets, comme les tables et les chaises, laissant le spectateur imaginer le reste.

Jan Steen

Un autre Jan est exposé en face de la salle des Vermeer. Jan Steen s'est fait connaître en peignant des scènes domestiques désordonnées, comme celle de *La Joyeuse Famille* (1668). Tout le monde s'amuse follement, et personne ne remarque le petit garçon qui se fait servir du vin.

À savoir

- Pour éviter une trop longue attente, essayez d'arriver après 15h.
- Achetez votre billet en ligne et imprimez-le pour gagner du temps. Aucune commission n'est prélevée. S'il faut tout de même faire la queue à l'extérieur, une fois à l'intérieur, on peut entrer directement dans le musée (sinon, il faut s'engager dans une autre file d'attente pour payer son billet).
- Téléchargez l'application gratuite du musée (Wi-Fi gratuit sur place). Elle propose 7 visites guidées des collections.

Une petite faim ?

Le Rijksmuseum Café (9h-18h), café moderne dans l'atrium inondé de lumière, sert des en-cas, des sandwichs, des pâtisseries, du café et de la bière. À l'extérieur, des marchands installent leurs étals sur le trottoir entre le Rijksmuseum et le musée Van Gogh. Sandwichs, crêpes, glaces et boissons sur des tables en terrasse.

Plan du Rijksmuseum

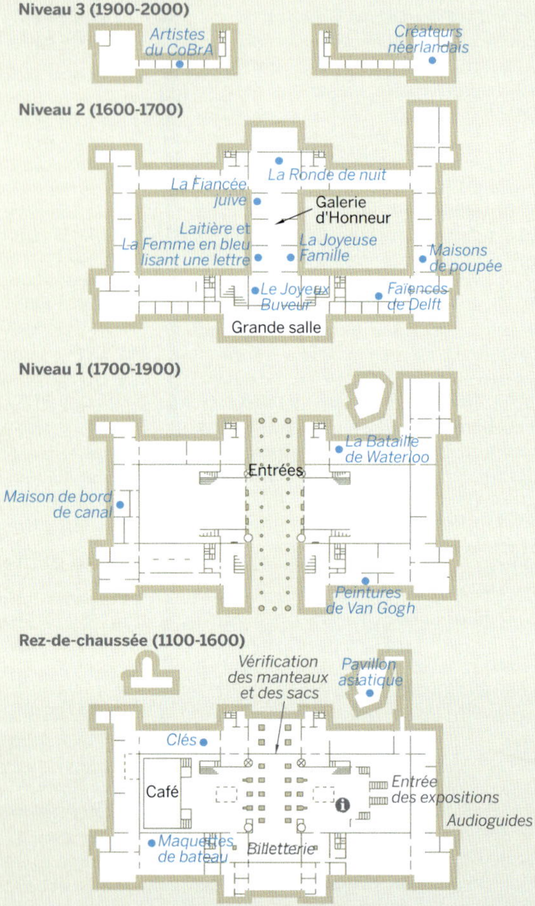

Rembrandt

Après avoir traversé une salle exposant des paysages, on rejoint la galerie abritant les œuvres de Rembrandt. *La Fiancée juive* (1665), qui représente un couple en un moment tendre, a fait forte impression sur Van Gogh.

La Ronde de nuit

Le célèbre tableau de Rembrandt, *La Ronde de nuit* (1642), qui occupe la place d'honneur dans la salle, représente la milice dirigée par Frans Banning Cocq, futur maire d'Amsterdam. Son véritable titre est *La Compagnie du capitaine Frans Banning Cocq*. Il fut rebaptisé *La Ronde de nuit* des années plus tard, lorsque la saleté qui recouvrait la toile donnait l'impression d'une scène nocturne. Restauré, il a retrouvé ses couleurs d'origine.

Faïences de Delft

Les salles de part et d'autre de la galerie d'Honneur sont une ode au chic du Siècle d'or. Avec les faïences de Delft, les Néerlandais se sont essayés, à la fin des années 1600, à reproduire la porcelaine chinoise. La galerie 2,22 expose maintes et maintes pièces de délicate faïence en bleu et blanc.

Maisons de poupée

La galerie 2,20 expose des maisons de poupée. Épouse de négociant, Petronella Oortman employa ébénistes, maîtres-verriers et orfèvres pour faire fabriquer les 700 objets de sa maison de poupée. Les artisans utilisèrent les matériaux qui auraient servi à la fabrication des mêmes objets grandeur nature.

Niveau 3 (1900-2000)

Cet étage recèle une collection restreinte. On y trouve les œuvres enfantines et avant-gardistes de Karel Appel, Constant Nieuwenhuys et leurs comparses du CoBrA (mouvement artistique d'après-guerre), ainsi que le beau mobilier de créateurs néerlandais comme Gerrit Rietveld et Michel de Klerk.

Niveau 1 (1700-1900)

Parmi les pièces maîtresses de l'étage, *La Bataille de Waterloo*, est la plus grande toile du Rijksmuseum (galerie 1,12). Trois toiles de Van Gogh sont exposées dans la galerie 1,18. La galerie 1,16 recrée une pièce ornée de dorures d'une maison de bord de canal du XVIIIe siècle.

Rez-de-chaussée (1100-1600)

Les amateurs de curiosités et d'œuvres moins connues seront éblouis. Les collections spéciales présentent des objets insolites tels que cadenas, clés, lanternes magiques, robes anciennes, gobelets et maquettes de bateau.
Le Pavillon asiatique, édifice distinct souvent désert, renferme des œuvres de Chine, d'Indonésie, du Japon, d'Inde, de Thaïlande et du Vietnam.

Façade et jardins

Pierre Cuypers a dessiné le bâtiment de 1885. La façade marie style néogothique et Renaissance hollandaise. Les jardins – "galerie en plein air" – accueille les expositions de grands noms de la sculpture au moins une fois par an. On peut s'y promener et contempler les roses, les haies, les fontaines et la serre toute l'année.

Les incontournables
Vondelpark

New York a Central Park, Londres a Hyde Park. Amsterdam, quant à elle, a la luxuriante oasis urbaine de Vondelpark. C'est l'un des lieux les plus magiques de la ville. Par beau temps, il y règne une atmosphère joyeuse et festive. Touristes, amoureux, cyclistes, amateurs de rollers, parents maniant des poussettes, enfants, ados tapant le ballon, groupes d'amis et pique-niqueurs : tous s'y retrouvent pour profiter du plein air. Bien que le parc accueille plus de 10 millions de visiteurs par an, on ne s'y sent ni à l'étroit ni oppressé par la foule.

Plan p. 96, B3

2/5 Hobbemastraat

Statue de Joost van den Vondel, Vondelpark

À ne pas manquer

Statue de Joost van den Vondel

Les jardins à l'anglaise, agrémentés de bassins, de pelouses, de passerelles et d'allées sinueuses, ont été aménagés en 1865. À l'origine, ils s'appelaient le Nieuwe Park (Nouveau Parc). En 1867, le sculpteur Louis Royer y ajouta la **statue** du célèbre poète et dramaturge Joost van den Vondel (1587-1679). Les habitants se mirent à l'appeler "parc de Vondel", jusqu'à ce que celui-ci finisse par être rebaptisé.

L'époque hippie

Vers la fin des années 1960 et le début des années 1970, les autorités néerlandaises convertirent le parc en un dortoir temporaire à ciel ouvert pour les nombreux hippies qui venaient à Amsterdam. Les sacs de couchage ont disparu depuis longtemps, mais des vestiges de l'époque sont visibles dans les squats qui bordent le parc, tels OT301 et OCCII (p. 102-3), qui ont aujourd'hui été convertis en centres culturels underground.

Les jardins et le domaine

Les 47 ha du parc sont une invite à la balade. La **roseraie**, forte de quelque 70 variétés différentes, fut ajoutée en 1936. Elle se trouve au milieu du parc (des pancartes en indiquent le chemin). Des perroquets vert vif volètent dans les arbres ; autrefois animaux de compagnie, ils ont été relâchés dans la nature il y a fort longtemps. Le parc compte aussi plusieurs cafés, des aires de jeu et un magnifique théâtre en plein air.

Sculpture de Picasso

Des œuvres d'art émaillent le parc, dont la verdure sert d'écrin à 69 sculptures. Parmi elles, *Figure découpée (L'Oiseau)*, de 1965, œuvre abstraite de Picasso, plus connue localement sous le titre *Le Poisson*, est un cadeau que fit l'artiste pour commémorer le centenaire du parc.

À savoir

- L'entrée principale est à l'extrémité nord-est du parc, sur Stadhouderskade. Vers le sud-ouest, un sentier bifurque à gauche ou à droite et permet de faire un tour du jardin.
- Les sentiers plats et sinueux sont parfaits à vélo. Pour en louer un, allez chez **MacBike** (www.macbike.nl ; Weteringschans 2 ; location de vélo pour 3/24 heures à partir de 7,50/9,25 € ; 9h-17h45), de l'autre côté du Single depuis l'entrée principale.
- Consultez la programmation de l'Openluchttheater (p. 102), une scène en plein air qui accueille des concerts gratuits.

Une petite soif ?

Het Groot Melkhuis (p. 102), à la lisière du parc, offre un cadre féerique pour un verre. Ou **'t Blauwe Theehuis** (Plan p. 96, C3 ; www.blauwetheehuis.nl ; Vondelpark 5 ; 9h-22h ; ; 2 Jacob Obreachstraat) avec ses tables dehors autour d'un édifice aux airs de soucoupe volante.

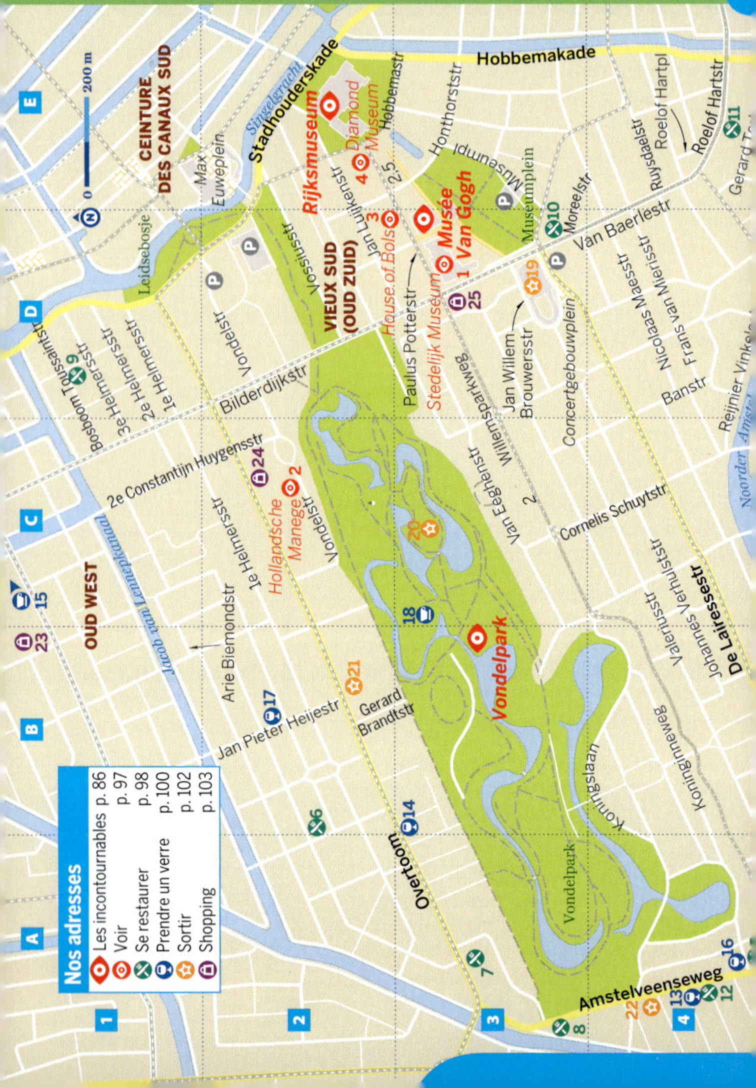
Nos adresses
Les incontournables p. 86
Voir p. 97
Se restaurer p. 98
Prendre un verre p. 100
Sortir p. 102
Shopping p. 103
Vondelpark
VIEUX SUD (OUD ZUID)
OUD WEST
CEINTURE DES CANAUX SUD
Rijksmuseum
Musée Van Gogh
Diamond Museum
House of Bols
Stedelijk Museum
Hollandsche Manege
Hobbemakade
Stadhouderskade
Singelgracht
Max Euweplein
Leidsebosje
Museumplein
Van Baerlestr
Bilderdijkstr
Overtoom
Amstelveenseweg
De Lairessestr
Cornelis Schuytstr
Van Eeghenstr
Willemsparkweg
Paulus Potterstr
Jan Luijkenstr
Vossiusstr
Vondelstr
Hobbemastr
Honthorststr
Moreelstr
Ruysdaelstr
Roelof Hartpl
Roelof Hartstr
Concertgebouwplein
Jan Willem Brouwersstr
Nicolaas Maesstr
Frans van Mierisstr
Banstr
Valeriusstr
Johannes Verhulststr
Koninginneweg
Koningslaan
Jacob van Lennepkanaal
2e Constantijn Huygensstr
1e Helmersstr
2e Helmersstr
3e Helmersstr
Bosboom Toussaintstr
Arie Biemondstr
Jan Pieter Heijestr
Gerard Brandtstr
Reijnier Vinkeles
Noorder Amstel
200 m

Voir

Stedelijk Museum

MUSÉE

1 Plan p. 96, D3

Construit en 1895 selon les plans néo-Renaissance de A. M. Weissman, le Stedelijk Museum accueille les collections permanentes du musée national d'Art moderne. Rassemblés après-guerre par le conservateur Willem Sandberg, ces classiques de l'art moderne sont parmi les plus admirés au monde. On y retrouve toutes les valeurs sûres de la peinture des XIXe et XXe siècles – dont Monet, Picasso et Chagall –, ainsi que les sculptures de Rodin, les tableaux abstraits de Mondrian et Kandinsky. (☎573 29 11 ; www.stedelijk.nl ; Museumplein 10 ; adulte/enfant 15 €/gratuit, audioguide 5 € ; 🕙10h-18h ven-mer, jusqu'à 22h jeu ; 🚋2/3/5/12 Van Baerlestraat)

Hollandsche Manege

ÉCOLE D'ÉQUITATION

2 Plan p. 96, C2

Au sortir du Vondelpark, l'édifice néoclassique du Hollandsche Manege abrite une école d'équitation inspirée de la célèbre École espagnole d'équitation de Vienne. Dessiné par A. L. Van Gendt et construit en 1882, ce manège a conservé sa charmante façade évoquant la tête d'un cheval. Prenez un cours d'équitation ou regardez les moniteurs mettre les chevaux au pas à l'heure du *high tea* (goûter dînatoire, 24,50 €) depuis le café à l'étage. (☎618 09 42 ; www.dehollandschemanege.nl ;

Comprendre

Le Siècle d'or

Le Siècle d'or couvre approximativement le XVIIe siècle. Les Pays-Bas sont alors à leur apogée : Rembrandt peint, les architectes construisent des canaux et les marins hollandais partent à la conquête des mers.

Cet âge d'or débute quand Anvers, la rivale commerciale, est reprise par les Espagnols à la fin du XVIe siècle, et que les marchands, les navigateurs et les artisans affluent à Amsterdam qui connaît alors une expansion rapide. Une classe aisée de négociants voit le jour. Les juifs, persécutés au Portugal et en Espagne, s'installent à Amsterdam où ils initient l'industrie diamantaire et transmettent leur connaissance des routes commerciales aux marins qui fondent la Compagnie marchande des Indes orientales (1602). Les Pays-Bas arrachent ainsi aux Portugais le monopole du commerce des épices asiatiques. La compagnie devient l'une des plus riches du monde, avec plus de 50 000 employés et une armée privée. Est créée la Compagnie hollandaise des Indes occidentales (1621), qui commerce avec l'Afrique et l'Amérique, et participe à la traite négrière. En 1672, lorsque Louis XIV envahit les Pays-Bas, le Siècle d'or, fabuleuse période de prospérité, prend fin.

100% amstellodamois

Centre culturel De Hallen

Les Amstellodamois se retrouvent à **De Hallen** (www.dehallen-amsterdam.nl ; Bellamyplein 51 ; 17 Ten Katestraat). Ce vaste espace avec puits de lumière (un dépôt de tramway vieux d'un siècle et élégamment rénové) abrite un cinéma, un magasin de recyclage de vélos, des boutiques de mode et de créateurs – par exemple Local Goods Store (p. 103). Son coin le plus prisé reste le **hall de restauration** (www.foodhallen.nl ; Hannie Dankbaar Passage 3, De Hallen ; plats 5-15 € ; 11h-20h dim-mer, jusqu'à 21h jeu-sam ; 17 Ten Katestraat). Plus d'une vingtaine de comptoirs y proposent aussi bien des huîtres que des tartes au chocolat ou des croquettes gastronomiques, ainsi que de la bière et du vin. Un lieu formidable où passer l'après-midi, surtout si le temps est venteux.

Vondelstraat 140 ; adulte/enfant 8/4 €, cours particuliers d'équitation 30 min/1 heure 37/61 € ; 10h-17h ; 1 1e Constantijn Huygensstraat)

House of Bols — MUSÉE

3 Plan p. 96, D2

La visite (1 heure) de ce musée du *jenever* (genièvre) comprend une épreuve olfactive, l'histoire de la maison Bols et un cocktail réalisé par l'un des excellents barmans se formant à l'école à l'étage. L'ensemble est un peu kitsch (surtout le Flair Booth, où l'on s'essaie à la jonglerie de bar à la Tom Cruise), mais reste divertissant. Venez le vendredi après 17h, quand l'entrée ne coûte que 9,50 €. (www.houseofbols.com ; Paulus Potterstraat 14 ; avec 1 cocktail 14,50 € ; 12h-17h30 dim-jeu, 12h-21h ven, 12h-19h sam ; 2/5 Hobbemastraat)

Diamond Museum — MUSÉE

4 Plan p. 96, E2

Les diamants exposés dans ce petit musée sont pour la plupart des reproductions. Mieux vaut se rendre à **Coster Diamonds** (305 55 55 ; www.costerdiamonds.com ; Paulus Potterstraat 2 ; 9h-17h ; 2/5 Hobbemastraat), le joaillier qui possède le musée, à côté, et prendre part à une visite gratuite de l'atelier pour voir les tailleurs au travail. (www.diamantmuseumamsterdam.nl ; Paulus Potterstraat 8 ; adulte/enfant 8,50/6 € ; 9h-17h ; 2/5 Hobbemastraat)

Se restaurer

Ron Gastrobar — NÉERLANDAIS MODERNE €€

5 Plan p. 96, A4

Ron Blaauw dirigeait, dans un décor superbe conçu par un designer, son restaurant étoilé au Michelin avant d'abandonner ses deux étoiles en faveur de ce "gastrobar" égalitariste. On y sert 25 plats de style tapas à prix fixes, sans obligation d'en commander un minimum. Au menu notamment : steak tartare aux cervelles de veau croustillantes, raviolis aux champignons avec écume de patate douce, os à moelle cuit au barbecue, asperges hollandaises à la sauce homard/champagne, et burgers au bœuf Wagyu. (☎496 19 43 ; www.rongastrobar.nl ; Sophialaan 55 ; plats 15 €, desserts 9 € ; ⏲12h-14h30 et 17h30-22h30 lun-ven, 12h-22h30 sam-dim ; 📶 ; 🚊2 Amstelveenseweg)

Dikke Graaf

MÉDITERRANÉEN **€€**

6 Plan p. 96, B2

Un fumet divinement appétissant vous mène jusqu'à cette adresse cachée, agrémentée de lampes en cuivre et de carrelage noir, et ouvrant sur une terrasse. C'est un lieu sensationnel pour les *borrel* (boissons), avec des cocktails au gin et du vin au verre, pour les en-cas de bar du type huîtres, bruschetta, charcuterie et manchego (fromage de brebis espagnol), et pour des plats plus copieux (viande, poisson, pâtes) renouvelés chaque soir. (☎223 77 56 ; www.dikkegraaf.nl ; Wilhelminastraat 153 ; en-cas de bar 3,50-15 €, plats 12,50-22,50 € ; ⏲cuisine 15h-22h mer-dim ; 🚊1 Rhijnvis Feithstraat)

Adam

GASTRONOMIE **€€**

7 Plan p. 96, A3

Le bruit court en ville que ce restaurant chic pourrait bien avoir une étoile au Michelin. Il sert en tout cas une cuisine gastronomique présentée avec raffinement – steak tartare avec un œuf de caille, poitrine de porc croustillante au céleri, loup aux asperges blanches et côte de bœuf pour deux, entre autres. Au dessert, on a le choix entre le plateau de fromage et la surprise du chef. Vins en accord avec les mets moyennant 7,50 € le verre. (☎233 98 52 ; www.restaurantadam.nl ; Overtoom 515 ; plats 21-24,50 €, menus 3/4/5/6 plats 35/42,50/50/57,50 € ; ⏲18h-22h30 mar-sam ; 🚊1 Overtoomsesluis)

Braai BBQ Bar

BARBECUE **€**

8 Plan p. 96, A3

Cette *haringhuis* (cabane à harengs) au bord du canal a été brillamment transformée en bar à barbecue proposant une cuisine de type *street food*. Au menu : des sandwichs (par exemple à l'houmous et aux légumes grillés, ou à l'*ossenworst* fumé – un saucisson de bœuf typique d'Amsterdam), un burger fromage/bacon et la spécialité de l'établissement, le carré de côtes mariné (demi-carré ou carré complet). Paiement par carte bancaire privilégié, mais les espèces sont acceptées. Les tables sont installées sous les arbres. (www.braaiamsterdam.nl ; Schinkelhavenkade 1 ; plats 5-11 € ; ⏲11h-22h ; 🚊1 Overtoomsesluis)

Narbonne

BISTROT **€€**

9 Plan p. 96, D1

Ce bistrot de quartier, un petit bijou, propose des plats principaux comme le jarret d'agneau avec pommes de terre à l'ail rôties au four. Toutefois, il est surtout apprécié pour ses tapas, comme les tortellinis à la mozzarella fumée, le *manchego* (fromage de brebis), les artichauts marinés, les crevettes enrobées de pâte phyllo, les huîtres fraîches avec une sauce citron vert/ciboulette, la tapenade d'olives vertes et son pain croustillant, et les brochettes de bœuf grillées. Réservez. (☎618 32 63 ; www.narbonne.nl ; Bosboom Toussaintstraat 28 ;

tapas 4,50-14 €, plats 16-23 € ; 17h30-23h mar-dim ; 1 1e Constantijn Huygensstraat)

L'Entrecôte et les Dames FRANÇAIS €€

10 Plan p. 96, D3

Le décor – mur constitué de tiroirs et coin salon sur une mezzanine – est splendide. Au dîner, le menu de 2 plats comporte une viande ou un poisson, mais on vient ici pour l'entrecôte. Les desserts sont somptueux. (679 88 88 ; www.entrecote-et-les-dames.nl ; Van Baerlestraat 47-49 ; plats déj 12,50 €, menu dîner 2 plats 24 € ; 12h-15h et 17h30-22h ; 16/24 Museumplein)

La Falote NÉERLANDAIS TRADITIONNEL €€

11 Plan p. 96, E4

Ce minuscule restaurant aux nappes à carreaux concocte une cuisine familiale typiquement néerlandaise, comme le foie de veau, les boulettes de viande aux endives ou le ragoût de poisson aux betteraves sauce moutarde. Les prix sont très raisonnables pour le quartier et le propriétaire sort parfois son accordéon. Paiement en espèces uniquement. (622 54 54 ; www.lafalote.nl ; Roelof Hartstraat 26 ; plats 15-23 € ; 14h-21h lun-sam ; 3/5/12/24 Roelof Hartplein)

Restaurant Blauw INDONÉSIEN €€€

12 Plan p. 96, A4

Le *New York Times* l'a désigné "le meilleur restaurant indonésien des Pays-Bas". Les clients sont nombreux à être d'accord, car la grande salle contemporaine ne désemplit pas (réservez longtemps à l'avance). Parmi les incontournables, citons l'*ikan pesmol* (poisson frit à la sauce de noix de bancoulier) et l'*ayam singgand* (poulet en sauce coco un peu épicée avec feuille de curcuma) – sans oublier les appétissants desserts indonésiens. (675 50 00 ; www.restaurantblauw.nl ; Amstelveenseweg 158 ; plats 21,50-27,50 €, rijsttafel par pers 26,50-31,50 € ; 18h-22h30 lun-ven, 17h-22h30 sam-dim ; 2 Amstelveenseweg)

Prendre un verre

Franklin BAR À COCKTAILS

13 Plan p. 96, A4

Dans ce bar à plusieurs niveaux et aux fenêtres en vitraux, on sert des cocktails inventifs, dont le "Picnic at Vondel" (gin parfumé au citron, sirop de fruits d'été et chardonnay), le "Smoke on the Water" (mezcal, sirop de citron vert et liqueur de pissenlit) et le "Porn Star Martini" (vodka aromatisée à la vanille, purée de fruits de la passion et *prosecco*). Par les chaudes soirées, la terrasse d'été est prise d'assaut – arrivez tôt. (www.barfranklin.nl ; Amstelveenseweg 156 ; 17h-1h mar-jeu, jusqu'à 3h ven-sam ; 2 Amstelveenseweg)

Craft & Draft BIÈRES

14 Plan p. 96, B3

Les amateurs de bière artisanale n'ont ici que l'embarras du choix, avec pas moins de 40 variétés différentes à la pression. Chaque jour, sur un grand

House of Bols (p. 98)

tableau noir, on inscrit les bières du jour, par exemple la Lips of Faith de 3 Floyds (belge), la Stupid Stout de Coronado et la Yang d'Evil Twin (américaines), la Thoughtless de Red Willow (britannique), l'Organic Ale de Sigtuna (suédoise) et la Peter, Pale & Mary de Mikkeller (danoise). (www.craftanddraft.nl ; Overtoom 417 ; bar 14h-minuit dim-jeu, jusqu'à 2h ven-sam, boutique 14h-22h tlj ; 1 Rhijnvis Feithstraat)

Lot Sixty One

CAFÉ

15 Plan p. 96, C1

Il faut baisser les yeux vers la cave ouverte pour voir (et, mieux encore, humer) le café en pleine torréfaction. Les grains viennent de plantations écologiques, et l'on trouve diverses variétés comme le Tchembe d'Éthiopie, l'Aranga de Tanzanie, le Gerado de Colombie, le Don Mayo du Costa Rica, le Maravilla du Guatemala et le Mahembe du Rwanda. Tous les cafés sont servis doubles (à moins de commander spécifiquement un simple). Les bancs à l'extérieur permettent d'observer les passants dans Kinkerstraat. (www.lotsixtyonecoffee.com ; Kinkerstraat 112 ; 8h-17h lun-ven, 9h-17h sam, 10h-17h dim ; 3/12 Bilderdijkstraat)

Café Bédier

CAFÉ BRUN

16 Plan p. 96, A4

Après le travail, la terrasse est souvent si bondée qu'elle évoque une fête de rue. À l'intérieur, les panneaux muraux garnis de cuir, les sièges modulables et le plancher apportent une touche XXIe siècle au décor classique. Excellente cuisine de bar. (☎662 44 15 ; Sophialaan 36 ; ⌚12h-1h lun-jeu, jusqu'à 3h ven, 11h-3h sam, jusqu'à 1h dim ; 🚋2 Amstelveenseweg)

BarBrå

BAR

17 Plan p. 96, B2

Les meubles recyclés et dépareillés (confortables canapés vintage, fauteuils, tabourets de bar) et les lampes industrielles donne l'impression d'un intérieur douillet plutôt que d'un bar. Il possède une minuscule terrasse très populaire, en général on doit rester debout. (www.bar-bra.nl ; Jan Pieter Heijestraat 137 ; ⌚16h-minuit mer-jeu, 10h-3h ven-sam, jusqu'à 23h dim ; 🚋1 Jan Pieter Heijestraat)

Het Groot Melkhuis

CAFÉ

18 Plan p. 96, C3

À la lisière de la forêt du Vondelpark, cette maison en bois de style chalet suisse semble sortie d'un conte de fées. La vaste avant-cour où l'on vient se restaurer, ainsi que l'aire de jeux en font une adresse de choix pour les familles. (☎612 96 74 ; www.grootmelkhuis.nl ; Vondelpark 2 ; ⌚10h-18h ; 📶👪 ; 🚋1 Jan Pieter Heijestraat)

Sortir

Concertgebouw

MUSIQUE CLASSIQUE

19 Plan p. 96, D3

D'après le chef d'orchestre Bernard Haitink, cette salle mondialement connue (construite en 1888 avec une acoustique proche de la perfection) est le meilleur instrument qui soit. Des concerts (30 min) gratuits ont lieu le mercredi à 12h30 (mi-sept à fin juin). Arrivez tôt. Essayez aussi le Last Minute Ticket Shop (p. 80) pour des billets à moitié prix pour tous les spectacles. (☎671 83 45 ; www.concertgebouw.nl ; Concertgebouwplein 10 ; ⌚guichet 13h-19h lun-ven, 10h-19h sam-dim ; 🚋3/5/12/16/24 Museumplein)

Openluchttheater

THÉÂTRE

20 Plan p. 96, C3

Chaque été, la scène en plein air du Vondelpark accueille des concerts et des spectacles gratuits. Réservation possible (5 € par place) sur le site, jusqu'à 2 heures à l'avance. (Théâtre en plein air ; www.openluchttheater.nl ; Vondelpark 5a ; ⌚mai-mi-sept ; 👪 ; 🚋1 1e Constantijn Huygensstraat)

OT301

CENTRE CULTUREL

21 Plan p. 96, B2

Cet ancien squat couvert de graffitis et logé dans la Netherlands Film Academy reconvertie accueille des groupes et des DJ. Deux bars et un restaurant végétalien, De Peper (☎412 29 54 ; www.depeper.org ; plats 7-10 € ; ⌚19h-20h30 mar, jeu, ven et dim), sert des repas bio et bon marché dans une atmosphère de boui-boui très agréable. Prenez place à la table commune pour faire connaissance avec les convives. Réservation obligatoire le jour même ; appelez entre 15h et 18h30. (www.ot301.nl ; Overtoom 301 ; 🚋1 Jan Pieter Heijestraat)

OCCII

CENTRE CULTUREL

22 Plan p. 96, A4

Ce lieu entretient une scène alternative et underground florissante, souvent locale. L'**Eetcafé MKZ** (679 07 12 ; www.binnenpr.home.xs4all.nl/mkz.htm ; 1e Schinkelstraat 16 ; plats à partir de 5 € ; à partir de 19h mar-ven ; ; 2 Amstelveenseweg), géré par un collectif, sert de la cuisine végétalienne. Téléphonez entre 14h30 et 18h pour réserver et connaître les prix (souvent renouvelés). Arrivez tout de même tôt, car, une fois les provisions du jour terminées, on ne sert plus. (671 77 78 ; www.occii.org ; Amstelveenseweg 134 ; horaires variables ; ; 2 Amstelveenseweg)

Shopping

Local Goods Store

ARTISANAT

23 Plan p. 96, B1

Les articles de ce concept store sont imaginés par des créateurs néerlandais. Skateboards Woody, kits de distillation I Made Gin, sacs à main et porte-monnaie Carhusa, nœuds-papillons en bois Timbies, écharpes teintes à la main et bijoux Lucila Kenny, articles pour la maison vintage Neef Louis, vêtements par de grands noms, etc. (www.localgoodsstore.nl ; Hannie Dankbaar Passage 39, De Hallen ; 12h-19h mar-ven et dim, 11h-19h sam ; 17 Ten Katestraat)

À savoir

La boutique des musées

Le musée Van Gogh et le Rijksmuseum gèrent la **Boutique des musées du Museumplein** (Hobbemastraat ; boutique 10h-18h, guichet pour l'entrée des musées 8h30-18h ; 2/5 Hobbemastraat), où vous dénicherez affiches, cartes postales et autres souvenirs (et éviterez la file à l'entrée des musées).

Pied à Terre

LIVRES

24 Plan p. 96, C2

Cette librairie de voyage évoque un cabinet Renaissance. Des livres sur la randonnée, plus de 600 000 cartes topographiques et des guides de voyage dans beaucoup de langues. Commandez un café et rêvez à une prochaine destination. (627 44 55 ; www.piedaterre.nl ; Overtoom 135-137 ; 13-18h lun, 10h-18h mar-mer et ven, jusqu'à 9h jeu, jusqu'à 17h sam ; 1 1e Constantijn Huygensstraat)

Edha Interieur

ARTICLES POUR LA MAISON

25 Plan p. 96, D3

Vous n'achèterez sans doute pas de meubles dans ces édifices XIXe siècle, mais vous pourrez admirer du design néerlandais d'avant-garde. Certains articles sont plus faciles à glisser dans vos bagages (tissus, lampes ou ustensiles et gadgets pour la cuisine). (www.edha-interieur.nl ; Willemsparkweg 5-9 ; 10h-18h mar-sam; 2/3/5/12 Van Baerlestraat)

Explorer

De Pijp

Avec ses rues étroites où circule une foule bigarrée – une population mélangée d'ouvriers, d'intellectuels, d'étudiants, de prostitués ou de vedettes de cinéma –, De Pijp est le quartier le plus spontané et le plus inventif d'Amsterdam. Hormis la brasserie Heineken, il compte peu de sites touristiques, mais se distingue par ses cafés, où règnent la tolérance et l'ouverture d'esprit, et par ses restaurants tendance et stylés.

L'essentiel en un jour

Le brunch étant un incontournable à De Pijp, commencez par vous régaler chez **Bakers & Roasters** (p. 110) ou chez **Scandinavian Embassy** (p. 111). Découvrez ensuite les boutiques cool du coin. **Hutspot** (p. 115) propose des articles de décoration néerlandais. Les passionnés de mode iront fouiner parmi les pièces vintage de **Kolifleur** (p. 115).

Au déjeuner, allez manger un burger à **The Butcher** (p. 111). Et si le brunch vous a laissé complètement repu, un café au **Café de Groene Vlinder** (p. 114) suffira. Direction ensuite la **Heineken Experience** (p. 109) pour une visite interactive de la brasserie où l'on assiste au brassage et à la mise en bouteille de la bière. En fin d'après-midi, la dégustation gratuite à l'issue du parcours fera office de *happy hour*.

Au dîner, vous aurez l'embarras du choix. **Volt** (p. 110) permet de satisfaire les envies de saveurs méditerranéennes, à déguster sous des lumières scintillantes, tandis que le **Restaurant Elmar** (p. 111) sert des plats néerlandais "locavores" dans une cour arborée. En soirée, assistez à un spectacle au **CC Muziekcafé** (p. 114), à moins de vous offrir un verre de bière artisanale à la **Brouwerij Troost** (p. 112) ou de vin bio chez **Glouglou** (p. 112).

Pour une journée bohème à De Pijp, voir p. 106.

100% amstellodamois

De Pijp bohème (p. 106)

Le meilleur du quartier

Shopping

Albert Cuypmarkt (p. 106, photo ci-contre)

Restaurants

Restaurant Elmar (p. 111)

Dèsa (p. 112)

Fat Dog (p. 110)

The Butcher (p. 111)

Bakers & Roasters (p. 110)

Scandinavian Embassy (p. 111)

Prendre un verre

Brouwerij Troost (p. 112)

Glouglou (p. 112)

Comment y aller

Tram Les lignes 16 et 24 qui parcourent Ferdinand Bolstraat au départ de la Centraal Station desservent les principaux sites d'intérêt du quartier.

Métro À son inauguration en 2017, la ligne Noord/Zuidlijn (nord-sud) comptera une station à De Pijp, dont les entrées se trouveront à l'angle de Ferdinand Bolstraat et d'Albert Cuypstraat, et de Ferdinand Bolstraat et de Ceintuurbaan.

100% amstellodamois
De Pijp bohème

Artistes et intellectuels ont élu domicile à De Pijp depuis le XIXe siècle, attirés par les logements bon marché de cet ancien quartier pauvre. Il y flotte toujours une ambiance bohème, du marché coloré qui en constitue l'épicentre aux cafés branchés et aux boutiques vintage jalonnant ses rues. On y trouve aussi un petit quartier Rouge.

1 Albert Cuypmarkt

C'est le **marché** (www.albertcuypmarkt.nl ; Albert Cuypstraat, entre Ferdinand Bolstraat et Van Woustraat ; 9h-17h lun-sam ; 16/24 Albert Cuypstraat) le plus grand et le plus fréquenté de la ville. Les commerçants venus d'Indonésie, du Surinam, du Maroc et d'autres pays font l'article de leurs gadgets, vêtements et épices. Quant aux stands d'en-cas néerlandais, ils croulent sous les sandwichs au hareng et les *stroopwafels* (gaufres)

au sirop caramelisé. Pour le plaisir des yeux et des papilles…

2 Katsu

Coffee shop vedette du quartier, **Katsu** (www.katsu.nl ; 1e Van der Helststraat 70 ; 10h-minuit lun-jeu, 10h-1h ven-sam, 11h-minuit dim ; 16/24 Albert Cuypstraat) accueille des personnages hauts en couleur, de tous tempéraments et de tous âges. Les journaux à disposition sur une table, à l'avant, lui confèrent une ambiance littéraire. Lorsque les places se font rares en terrasse et dans la salle du rez-de-chaussée, on peut se replier à l'étage.

3 Sarphatipark

Plus petit et moins connu que le Vondelpark, le **Sarphatipark** (Ceintuurbaan ; 16/24 Albert Cuypstraat) n'en demeure pas moins reposant, la foule en moins l'été. Le temple imposant qui trône au centre s'agrémente d'une fontaine, de gargouilles et d'un buste de Samuel Sarphati (1813-1866), médecin, homme d'affaires et urbaniste juif inventif, à qui l'on doit en partie la physionomie du quartier.

4 CT Coffee & Coconuts

Le **CT Coffee & Coconuts** (www.ctamsterdam.nl ; Ceintuurbaan 282-284 ; plats 6,50-21,50 € ; 7h-23h lun-ven, à partir de 8h sam-dim ; ; 3 Ceintuurbaan) occupe un ancien cinéma Art déco des années 1920. La clientèle locale se presse ici pour les délices du brunch, comme les pancakes de blé noir à la noix de coco et aux amandes, ou la brioche aux abricots cuisinée comme du pain perdu. La carte du déjeuner et du dîner propose aussi bien des tacos aux crevettes que des burgers de *tempeh*.

5 Quartier Rouge

Dans Ruysdaelkade, des vitrines attestent la présence d'un **quartier Rouge** entre 1e Jan Steenstraat et Albert Cuypstraat. Le plus vieux métier du monde s'exerce aussi ici, sans les groupes de jeunes hommes alcoolisés qui fréquentent De Wallen.

6 Café Binnen Buiten

Au premier rayon de soleil, le **Café Binnen Buiten** (www.cafebinnenbuiten.nl ; Ruysdaelkade 115 ; 11h-1h dim-jeu, jusqu'à 3h ven-sam ; 16/24 Ruysdaelkade) fait le plein. Ce bar cosy éclairé à la bougie sert de bonnes spécialités culinaires, mais on y vient surtout pour la plus belle terrasse en bordure de canal du quartier.

7 Record Mania

Délicieusement *old school*, **Record Mania** (www.recordmania.nl ; Ferdinand Bolstraat 30 ; 12h-18h lun-sam ; 16/24 Stadhouderskade) est le rendez-vous des gens du quartier qui achètent des vinyles et des CD. Le magasin lui-même, avec ses vieilles affiches, ses vitraux et ses disques et CD fichés dans le sol, est un vrai bijou.

8 Barcelone à Amsterdam

Le **Barça** (www.barca.nl ; Marie Heinekenplein 30-31 ; 11h-1h dim-jeu, jusqu'à 3h ven-sam ; 16/24 Stadhouderskade), très tendance, fait battre le cœur de Marie Heinekenplein. Installez-vous dans la salle décorée dans les tons dorés et de bois sombre ou sur la terrasse pour siroter un verre de vin pétillant.

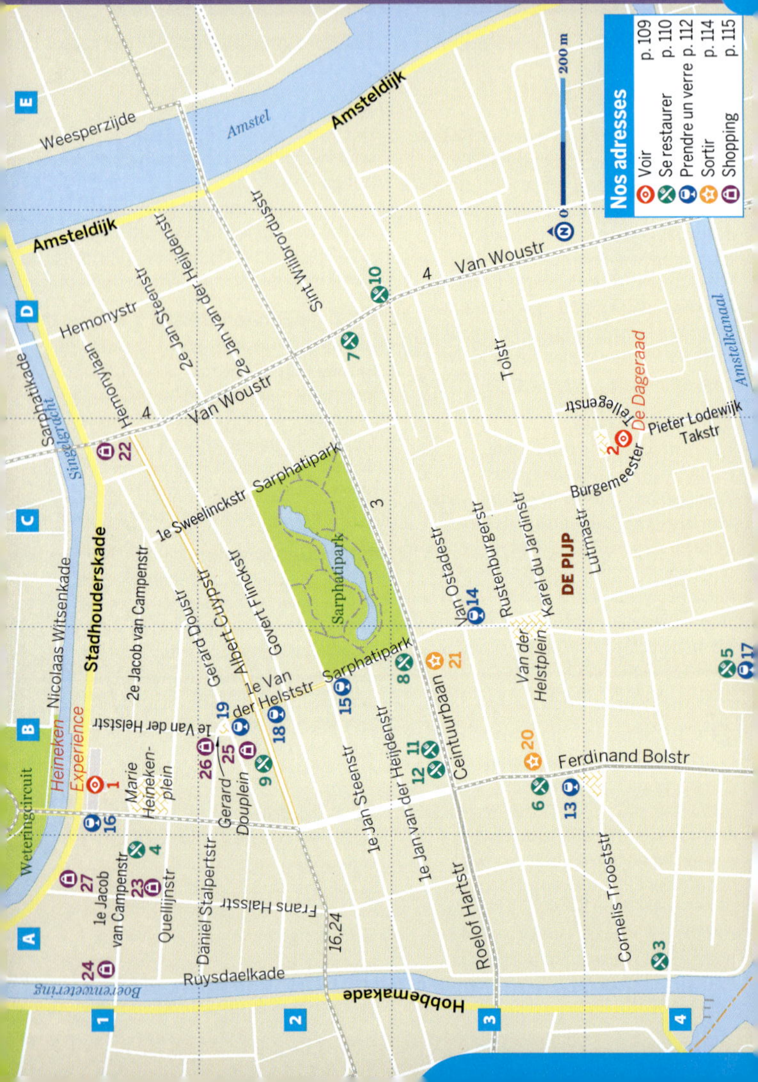
Nos adresses
Voir p. 109
Se restaurer p. 110
Prendre un verre p. 112
Sortir p. 114
Shopping p. 115
0
200 m
N
A
B
C
D
E
1
2
3
4
Weesperzijde
Amstel
Amsteldijk
Amsteldijk
Sarphatikade
Singelgracht
Hemonystr
Hemonylaan
2e Jan Steenstr
2e Jan van der Heijdenstr
Sint Willibrordusstr
Van Woustr
Van Woustr
Tolstr
Telleg enstr
De Dageraad
Pieter Lodewijk Takstr
Amstelkanaal
Burgemeester
Lutmastr
DE PIJP
Karel du Jardinstr
Rustenburgerstr
Van Ostadestr
Van der Helstplein
Sarphatipark
Sarphatipark
Sarphatipark
1e Sweelinckstr
Govert Flinckstr
Albert Cuypstr
Gerard Doustr
2e Jacob van Campenstr
Stadhouderskade
Nicolaas Witsenkade
Heineken Experience
Wetering circuit
1e Van der Helststr
1e Van der Helststr
Marie Heineken-plein
Gerard Douplein
Daniel Stalpertstr
Quellijnstr
1e Jacob van Campenstr
Frans Halsstr
Ruysdaelkade
Boerenwetering
Hobbemakade
1e Jan Steenstr
1e Jan van der Heijdenstr
Ceintuurbaan
Roelof Hartstr
Ferdinand Bolstr
Cornelis Trooststr
16, 24
3
4
4

Voir

Heineken Experience BRASSERIE

1 Plan p. 108, B1

Sur le site de l'ancienne brasserie Heineken, cette "Experience", visite guidée à faire seul (hormis la dégustation), a pour point d'orgue une exposition multimédia où le visiteur, "transformé" en bière, est secoué, vaporisé d'eau et soumis à la chaleur. Les vrais connaisseurs frissonneront d'horreur ; pourtant, on passe vraiment un bon moment. Le prix du billet comprend le trajet en navette fluviale d'un quart d'heure jusqu'au **Heineken Brand Store** (www.heinekenthecity.nl ; Amstelstraat 31 ; 12h-18h lun, à partir de 10h mar-dim ; 4/9/14 Rembrandtplein), près de Rembrandtplein. La réservation en ligne permet d'économiser 2 € sur le droit d'entrée, et de s'épargner la file d'attente au guichet. (523 92 22 ; www.heinekenexperience.com ; Stadhouderskade 78 ; adulte/enfant 18/12,50 € ; 10h30-21h juil-août, jusqu'à 19h30 lun-jeu, jusqu'à 21h ven-dim sept-juin ; 16/24 Stadhouderskade)

De Dageraad ARCHITECTURE

2 Plan p. 108, C4

À la suite de la loi sur le logement de 1901, qui contraignit la ville à repenser l'aménagement des quartiers et à supprimer les taudis, l'ensemble de logements sociaux De Dageraad fut développé entre 1918 et 1923 à destination des familles défavorisées. Piet Kramer, l'un des architectes les plus originaux de l'école d'Amsterdam, a dessiné les plans de ce complexe très particulier en collaboration avec Michel de Klerk. (Projet immobilier l'Aube ; Pieter Lodewijk Takstraat ; 4 Amstelkade)

Comprendre

L'école d'Amsterdam

À ses débuts, à l'orée de la Première Guerre mondiale, l'école d'Amsterdam s'apparentait à la fois à un mouvement politique et esthétique. Des architectes comme Piet Kramer et Michel de Klerk souhaitaient réagir au style élitiste décadent d'édifices néo-Renaissance telle la Centraal Station, mais aussi améliorer les habitations des plus démunis. Leurs logements sociaux, financés par des fonds publics, prennent la forme de coquillages, de vagues et d'autres éléments de la nature. Habités par le souci du détail, ils concevaient jusqu'au numéro des maisons. Si certains éléments trahissent leur volonté paternaliste de tout contrôler, à l'image de ces fenêtres haut perchées pour empêcher les riverains d'échanger des ragots, ces bâtiments ont représenté une amélioration considérable. De Dageraad, à De Pijp, et le Museum Het Schip (p. 65), près du Westerpark, en sont les plus beaux exemples.

Se restaurer

Fat Dog

HOT DOGS €

3 Plan p. 108, A4

Le célèbre Ron Blaauw, de Ron Gastrobar (p. 98), a rendu les hot dogs gastronomiques, dans des versions appelées “Naughty Bangkok” (légumes marinés au vinaigre, mayonnaise au curry rouge, riz soufflé), “Vive La France” (champignons sautés, foie gras et mayonnaise à la truffe), “Gangs of New York” (choucroute, bacon, confiture d’oignons fumés) ou encore “Vega Gonzalez” (saucisse végétarienne, maïs, guacamole, crème aigre et mayonnaise au piment *jalapeño*). (www.thefatdog.nl ; Ruysdaelkade 251 ; plats 4,50-12 € ; 17h-minuit lun-mar, à partir de 12h mer-dim ; 12 Cornelis Troostplein)

Bakers & Roasters

CAFÉ €

4 Plan p. 108, A1

Tenu par un tandem brésilien et néo-zélandais, Bakers & Roasters propose de succulents plats de brunch, entre autres : pain perdu noix et banane avec confiture de banane maison et bacon croustillant ; œufs Navajo avec porc émincé, avocat, sauce mangue et crème de piment *chipotle* ; et saumon fumé avec œufs pochés, gâteaux de pommes de terre et sauce hollandaise. Offrez-vous un bloody mary épicé en accompagnement. Excellents cakes, gâteaux et parts de tarte. (bakersandroasters.com ; 1e Jacob van Campenstraat 54 ; plats 7,50-15,50 € ; 8h30-16h ; 16/24 Stadhouderskade)

Ciel Bleu

FRANÇAIS €€€

5 Plan p. 108, B4

Un sommet de la gastronomie, qui concocte d’époustouflantes créations changeant avec les saisons. Au printemps, on déguste donc des saint-jacques et des huîtres avec du sel marin à la vanille et à l’écume de gin-tonic, du crabe royal au citron salé, à la glace de beurre blanc et au caviar, ou encore de la selle d’agneau à l’anis étoilé. Le cadre, au 23e niveau avec vue vers le nord sur toute la ville, est tout aussi incomparable. (450 67 87 ; www.okura.nl ; Ferdinand Bolstraat 333, Hotel Okura Amsterdam ; plats 60 €, menu 7 plats 110 €, avec accords de vins 170 € ; 18h30-22h30 lun-sam, fermé fin juil/mi-août ; 12 Cornelius Trootsplein)

Volt

MÉDITERRANÉEN €€

6 Plan p. 108, B3

Ce restaurant de quartier, un petit bijou décoré d’ampoules colorées, sert des en-cas légers de style tapas (olives et sardines marinées ; aïoli et tapenade), ainsi que des plats plus substantiels (raviolis aux artichauts avec noix et roquette ; encornet farci au chorizo et au riz ; plie accompagnée de croquettes de risotto à la mozzarella). Le bar ferme tard. Vous pouvez aussi traverser la rue jusqu’au **Gambrinus** (www.gambrinus.nl ; Ferdinand Bolstraat 180 ; 11h-1h dim-jeu, jusqu’à 3h ven-sam ; ; 12 Cornelis Troostplein), café brun. (471 55 44 ; www.restaurantvolt.nl ; Ferdinand Bolstraat 178 ; plats 14-20 €, tapas 4-14 € ; 16h-22h ; 12 Cornelis Troostplein)

Restaurant Elmar

NÉERLANDAIS MODERNE €€

7 Plan p. 108, D2

Ce charmant petit restaurant "locavore" concocte une excellente cuisine avec des produits bio locaux (bœuf du Flevopolder, agneau de Texel, porc de Hollande-du-Nord, poulet élevé sur les polders, farine moulue sur place, fruits et légumes de saison). Parmi ses originales et savoureuses créations, citons le poulet enrobé de jambon, garni de foie et de sauge, dans un jus au marsala, et la mousse au chocolat amer avec compote de pommes et écume de café frappé. Ravissante cour-jardin. (664 66 29 ; www.restaurantelmar.nl ; Van Woustraat 110 ; plats au déj 7,50-12,50 €, dîner 19,50-24,50 € ; 12h-15h et 18h-22h mar-sam ; 4 Ceintuurbaan)

Scandinavian Embassy

CAFÉ €

8 Plan p. 108, B3

Gruau d'avoine aux myrtilles, au miel et à la noix de coco, servi avec du yaourt au lait de chèvre ; saumon fumé sur pain noir danois avec yaourt au lait de brebis ; muesli aux fraises ; viennoiseries fraîches, dont des petits pains à la cannelle... Ces délices et les lambris de bois blond en font l'adresse parfaite pour commencer la journée – sans oublier le café provenant de micro-torréfacteurs scandinaves (dont un rafraîchissant café frappé à l'eau tonique). (scandinavianembassy.nl ; Sarphatipark 34 ; plats 4,40-12 € ; 8h-18h lun-ven, 10h-17h sam-dim ; 3 2e Van der Helststraat)

100% amstellodamois

Pique-nique dans le parc

Pour vous approvisionner avant un pique-nique au Sarphatipark, faites un tour chez **'t Kaasboertje** (Gerard Doustraat 60 ; 13h-17h30 lun, 9h-17h30 mar-ven, 9h-16h sam ; 16/24 Stadhouderskade). Des roues de gouda s'alignent le long des murs de cette fromagerie, aux côtés de crackers, de pains et de vins régionaux. **Beer Tree** (www.thebeertree.nl ; 1e Van der Helststraat 53 ; 12h-22h ; 16/24 Albert Cuypstraat) vend plus de 250 bières artisanales du monde entier.

The Butcher

BURGERS €

9 Plan p. 108, B2

On grille les steaks des burgers sous vos yeux (mais derrière une vitre, pour ne pas éclabousser). Le choix est très appétissant, avec entre autres le "Silence of the Lamb" (agneau, épices, crème de sésame), le "Codfather" (beignet de cabillaud, sauce tartare maison), le burger truffé au bœuf Angus et un burger végétarien. Renseignez-vous sur le bar à cocktails secret. (470 78 75 ; www.the-butcher.com ; Albert Cuypstraat 129 ; burgers 6,50-12,50 € ; 11h-tard ; ; 16/24 Albert Cuypstraat)

Spaghetteria

ITALIEN €€

10 Plan p. 108, D2

Ce "bar à pâtes" branché, tenu par des Italiens, propose chaque jour six sortes de pâtes fraîches, par exemple : raviolis à la ricotta et aux noix ; spaghettis aux calamars et sauce tomate épicée ; linguine à l'encre de seiche avec pesto et épinards ; et tortellinis au jambon avec sauce crémeuse au fromage de chèvre. L'immense table commune en bois (et le vin) aident à briser la glace. Autre enseigne près du Vondelpark. (www.spaghetteria-pastabar.nl ; Van Woustraat 123 ; pâtes 9-14 € ; 17h-22h15 ; 4 Ceintuurbaan)

Friterie par Hasard NÉERLANDAIS €€

11 Plan p. 108, B3

Décoré en façade de carreaux rouges et blancs, cet établissement à l'éclairage tamisé est encensé pour ses frites servies avec des plats comme la traditionnelle carbonade de Limbourg (côtes avec sauce à la pomme, aux baies de sureau et aux feuilles de laurier), les pilons de poulet marinés avec sauce satay et concombre au vinaigre, la bavette et les beignets de morue. L'établissement attenant, **Frites uit Zuyd** (www.fritesuitzuyd.nl ; Ceintuurbaan ; plats 3-5,50 € ; 12h-22h dim-lun, jusqu'à 23h mar-jeu, jusqu'à minuit ven-sam ; 3 Ferdinand Bolstraat), sert des frites à emporter. (www.cafeparhasard.nl ; Ceintuurbaan 113 ; plats 17,50 €, menu 3 plats 27,50 € ; 12h-22h dim-jeu, jusqu'à 22h30 ven-sam ; 3 Ferdinand Bolstraat)

Dèsa INDONÉSIEN €€

12 Plan p. 108, B3

Dèsa, signifiant "village" en indonésien (nom bien adapté à cette ville, et plus encore à ce quartier), est très prisé pour ses festins de *rijsttafel* ("table de riz"). À la carte, optez pour le *serundeng* (noix de coco râpée frite et épicée), l'*ayam besengek* (poulet cuit dans du lait de coco au safran), ou le *sambal goreng telor* (œufs mijotés dans une sauce balinaise épicée) et la *pisang goreng* (banane frite) au dessert. (671 09 79 ; www.restaurantdesa.com ; Ceintuurbaan 103 ; plats 12,50-14,50 €, rijsttafel 15,20-32 € ; 17h-22h30 ; 3 Ferdinand Bolstraat)

Prendre un verre

Brouwerij Troost BRASSERIE

13 Plan p. 108, B3

Une brasserie artisanale exceptionnelle, où l'on peut voir la bière en plein processus de brassage dans des cuves en cuivre. Parmi la dizaine de bières proposées figurent une bière d'été blonde, une porter fumée, une triple corsée et une Imperial IPA à la robe rouge sombre. L'établissement distille aussi du gin et sert une excellente cuisine de pub (d'énormes burgers). En raison de sa popularité (réservez les soirs de week-end), une seconde **enseigne** (737 10 28 ; www.brouwerijtroostwestergas.nl ; Pazzanistraat 27, Westergasfabriek ; 16h-1h lun-jeu, 16h-3h ven, 12h-3h sam, 12h-minuit dim ; ; 10 Van Limburg Stirumstraat) a ouvert dans Westergasfabriek. (737 10 28 ; www.brouwerijtroost.nl ; Cornelis Troostplein 21 ; 16h-1h lun-jeu, 16h-3h ven, 14h-3h sam, 14h-minuit dim ; ; 12 Cornelis Troostplein)

Glouglou BAR À VINS

14 Plan p. 108, C3

Vins naturels, entièrement bio et sans additifs : voilà ce que propose ce bar de quartier convivial dans une échoppe rustique avec vitraux, et dont la clientèle

Sarphatipark (p. 107)

investit souvent la rue. Plus de 40 vins français au verre sont proposés à des prix corrects. Également des bouteilles de vin à consommer sur place ou à emporter. (www.glouglou.nl ; 2e Van der Helststraat 3 ; 16h-minuit lun-ven, à partir de 15h sam-dim ; 3 2e Van der Helststraat)

Boca's

BAR

15 Plan p. 108, B2

Boca's ("bouche" en italien) est le nec plus ultra en matière de *borrel* (boissons). Les tables en mezzanine surplombent une salle garnie de coussins, mais, en été, les meilleures places se trouvent en terrasse, face au verdoyant Sarphatipark. La carte des vins dépouillée (7 vins au verre) se marie à merveille avec les opulentes assiettes à partager. (www.bar-bocas.nl ; Sarphatipark 4 ; 10h-1h lun-jeu, 10h-3h ven-sam, 11h-1h dim ; ; 3 2e Van der Helststraat)

Café Berkhout

CAFÉ BRUN

16 Plan p. 108, B1

Ce café brun doté de boiseries, de miroirs et de lustres a retrouvé son charme d'antan. On s'y rend après la Heineken Experience (juste en face). Excellente cuisine, en particulier les burgers. (www.cafeberkhout.nl ; Stadhouderskade 77 ; 10h-1h lun-jeu, jusqu'à 3h ven-sam, 11h-1h dim ; ; 16/24 Stadhouderskade)

Twenty Third Bar

BAR À COCKTAILS

17 Plan p. 108, B4

Profitant d'une vue panoramique vers l'ouest et le sud, le Twenty Third Bar

100% amstellodamois

Café Sarphaat

Installez-vous en terrasse face au Sarphatipark pour boire une bière mousseuse et vous sentir comme un Amstellodamois. Le **Café Sarphaat** (675 15 65 ; Ceintuurbaan 157 ; 9h-1h dim-jeu, jusqu'à 3h ven-sam ; 3/4 Van Woustraat) est l'un des meilleurs bars du quartier avec son charmant comptoir patiné où l'on sirote volontiers du genièvre (*jenever*).

propose une succulente carte d'en-cas préparés dans les cuisines du Ciel Bleu (p. 110 ; plats 9-18 € ; caviar 36-60 € les 10 g), des cocktails au champagne et de la bière Heineken à la pression. (www.okura.nl ; Ferdinand Bolstraat 333, Hotel Okura Amsterdam ; 18h-1h dim-jeu, jusqu'à 2h ven-sam ; 12 Cornelius Trootsplein)

Café de Groene Vlinder CAFÉ BRUN

Dans l'Albert Cuypstraat, près du Chocolate Bar (voir 18 Plan p. 108, B2), le "Papillon vert" maintient un équilibre parfait entre lieu branché et convivial. Il est tout indiqué pour prendre un *koffie verkeerd* (café au lait) dans un chaleureux décor de boiseries ou pour boire une *biertje* (bière) dans le patio animé. (www.cafe-de-groene-vlinder.nl ; Albert Cuypstraat 130 ; 10h-1h dim-jeu, jusqu'à 3h ven-sam ; 16/24 Albert Cuypstraat)

Chocolate Bar CAFÉ DESIGN

18 Plan p. 108, B2

On ne vient pas ici pour le chocolat, mais bien pour l'ambiance décontractée, l'intérieur rétro années 1960/1970 et la musique en fond sonore. Le comptoir éclairé à la bougie donne l'impression, même à midi, que la nuit est tombée. S'il fait frais, on vous fournira une couverture dans le patio. Le soir, du jeudi au dimanche, des DJ se mettent aux platines. (www.chocolate-bar.nl ; 1e Van der Helststraat 62a ; 9h-1h dim-jeu, jusqu'à 3h ven-sam ; 16/24 Albert Cuypstraat)

Pilsvogel CAFÉ BRUN

19 Plan p. 108, B2

On sert aussi de petites assiettes et des repas complets, mais c'est tout à fait secondaire, puisque l'on est ici dans le secteur le plus festif de De Pijp – le patio est propice à l'observation des gens du coin. (www.pilsvogel.nl ; Gerard Douplein 14 ; 10h-1h dim-jeu, jusqu'à 3h ven-sam ; 16/24 Albert Cuypstraat)

Sortir

CC Muziekcafé CLUB, CONCERTS

20 Plan p. 108, B3

Petit club sympathique très typique de De Pijp avec au programme : soirées à thème hebdomadaires et mensuelles, du reggae à la soul, en passant par le rock. (www.cccafe.nl ; Rustenburgerstraat 384 ; 20h-1h dim-jeu, jusqu'à 3h ven-sam ; ; 12 Cornelis Troostplein)

Rialto Cinema CINÉMA

21 Plan p. 108, B3

Ce bon vieux cinéma proche du Sarphatipark (p. 107) diffuse des avant-premières et des films d'art et d'essai divers et variés du monde entier. Les films étrangers sont sous-titrés en néerlandais. Trois salles et un café élégant. (676 87 00 ; www.rialtofilm.nl ; Ceintuurbaan 338 ; adulte/enfant à partir de 9/7,50 € ; 3 2e Van der Helststraat)

Shopping

Hutspot

CONCEPT STORE

22 Plan p. 108, C1

Hutspot (nom du plat de légumes bouillis et en purée) a été fondé pour permettre aux jeunes créateurs de vendre leur travail. C'est un mélange inspiré de mobilier néerlandais, d'accessoires, d'œuvres d'art, d'articles pour la maison et de vêtements. Un agréable café/bar également. (www.hutspotamsterdam.com ; Van Woustraat 4 ; boutique et café 10h-19h lun-sam, 12h-18h dim, bar 17h-1h lun-jeu, 16h-3h ven-sam, 16h-1h dim ; 4 Stadhouderskade)

Kolifleur

VINTAGE

23 Plan p. 108, A1

Kolifleur vend des vêtements, des bijoux et des sacs de créateurs néerlandais d'occasion (comme neufs), ainsi que du mobilier et des articles pour la maison vintage. (kolifleur.nl ; Frans Halsstraat 35 ; 11h-19h mar-sam ; 16/24 Albert Cuypstraat)

Tiller Galerie

ART

24 Plan p. 108, A1

Cette petite galerie présente des œuvres de George Heidweiller (interprétations surréalistes du ciel d'Amsterdam), de Peter Donkersloot (beaux portraits floutés d'animaux et de stars comme Marlon Brando) et du regretté Herman Brood. (www.tillergalerie.com ; 1e Jacob van Campenstraat 1 ; 13h-17h jeu-ven, jusqu'à 5h sam-dim, sur rdv mer ; 16/24 Stadhouderskade)

Brick Lane

MODE

25 Plan p. 108, B2

Dans cette boutique d'inspiration londonienne, des créations uniques mais abordables. (www.bricklane-amsterdam.nl ; Gerard Doustraat 783 ; 13h-18h lun, 10h30-18h mar-sam, 12h30-17h30 dim ; 16/24 Albert Cuypstraat)

Raak

VÊTEMENTS

26 Plan p. 108, B2

Les portants et les rayons sont garnis de vêtements décontractés, de sacs, de bijoux et d'articles pour la maison de créateurs néerlandais et scandinaves. (www.raakamsterdam.nl ; 1e Van der Helststraat 46 ; 12h-18h lun, à partir de 10h mar-sam ; 16/24 Albert Cuypstraat)

Van Beek

ARTS

27 Plan p. 108, A1

Si la ville vous inspire, cette boutique de matériel d'arts plastiques, est l'adresse idéale pour acheter des toiles, des pinceaux, des tubes de peinture à l'huile, des gouaches pour aquarelle et des fusains. (www.vanbeekart.nl ; Stadhouderskade 62-65 ; 13h-18h lun, 9h-18h mar-ven, 10h-17h sam ; 16/24 Stadhouderskade)

Explorer

Oosterpark et ses environs

Oosterpark est l'un des quartiers les plus cosmopolites d'Amsterdam. Jusqu'ici, il ne s'est que peu embourgeoisé, mais les choses commencent à changer. Pour autant, il y règne une ambiance moins policée et tendance que dans d'autres quartiers de la ville. Ses points d'intérêt – souvenirs anthropologiques du Tropenmuseum, enclaves marocaine et turque ou encore bars ultra-décontractés – échappent aux circuits touristiques traditionnels.

L'essentiel en un jour

Passez la matinée à faire des vocalises, à vous asseoir dans des yourtes et à découvrir les trésors coloniaux néerlandais au **Tropenmuseum** (p. 120, photo ci-contre). Remontez ensuite I[e] van Swindenstraat vers l'est jusqu'au **Dappermarkt** (p. 120), un marché reflétant les origines ethniques du quartier – un joyeux melting-pot qui s'étend aux mets servis dans la rue et aux produits des étals.

Plus à l'est, la rue devient Javastraat. D'anciennes poissonneries hollandaises et des bars ouvriers y côtoient des épiceries turques et marocaines. Vous aurez tout loisir d'apprécier les délices exotiques de cette rue et ses bonnes boulangeries. Si vous avez encore faim, continuez jusqu'à Javaplein pour un déjeuner rustique chez **Wilde Zwijne** (p. 120) ou une pause café au **Studio K** (p. 123), non loin de là.

Pour un dîner inoubliable, réservez une table sous la verrière du **De Kas** (p. 120). Les adresses ne manquent pas pour boire un verre en soirée : une vue splendide et une ambiance de club avant-gardiste vous attendent au **Canvas** (p. 122), à moins de préférer les burgers et la bière à savourer en plein air chez **De Biertuin** (p. 123). Autre possibilité : laisser filer la nuit en admirant les bateaux sur l'Amstel au **De Ysbreeker** (p. 122).

Le meilleur du quartier

Restaurants

De Kas (p. 120)

Roopram Roti (p. 122)

Au bord du canal

De Ysbreeker (p. 122)

Musées

Tropenmuseum (p. 120)

Parcs et jardins

Oosterpark (p. 122)

Comment y aller

Tram La ligne 9 relie le centre-ville au Tropenmuseum. Les tramways 10 et 14 desservent aussi le musée sur leur itinéraire est-ouest.

Métro La station Wibautstraat est à deux pas des bars modernes à la lisière sud-ouest du quartier.

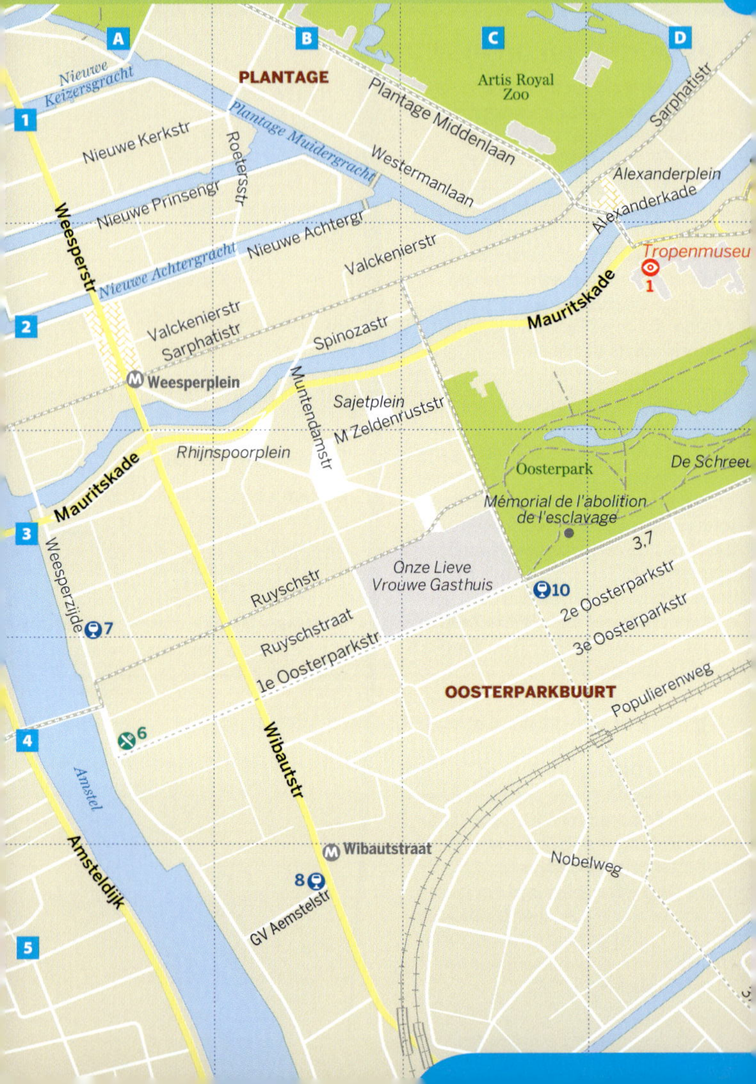
A
B
C
D
1
2
3
4
5
Nieuwe Keizersgracht
PLANTAGE
Artis Royal Zoo
Plantage Middenlaan
Plantage Muidergracht
Nieuwe Kerkstr
Roetersstr
Westermanlaan
Sarphatistr
Alexanderplein
Alexanderkade
Nieuwe Prinsengr
Weesperstr
Nieuwe Achtergr
Nieuwe Achtergracht
Valckenierstr
Tropenmuseu
1
Mauritskade
Valckenierstr
Sarphatistr
Spinozastr
Weesperplein
Muntendamstr
Sajetplein
M Zeldenruststr
Rhijnspoorplein
Mauritskade
Oosterpark
De Schreeu
Mémorial de l'abolition de l'esclavage
3,7
Onze Lieve Vrouwe Gasthuis
10
2e Oosterparkstr
3e Oosterparkstr
Ruyschstr
Ruyschstraat
Weesperzijde
7
1e Oosterparkstr
OOSTERPARKBUURT
Populierenweg
Wibautstr
6
Amstel
Wibautstraat
Nobelweg
Amsteldijk
8
GV Aemstelstr

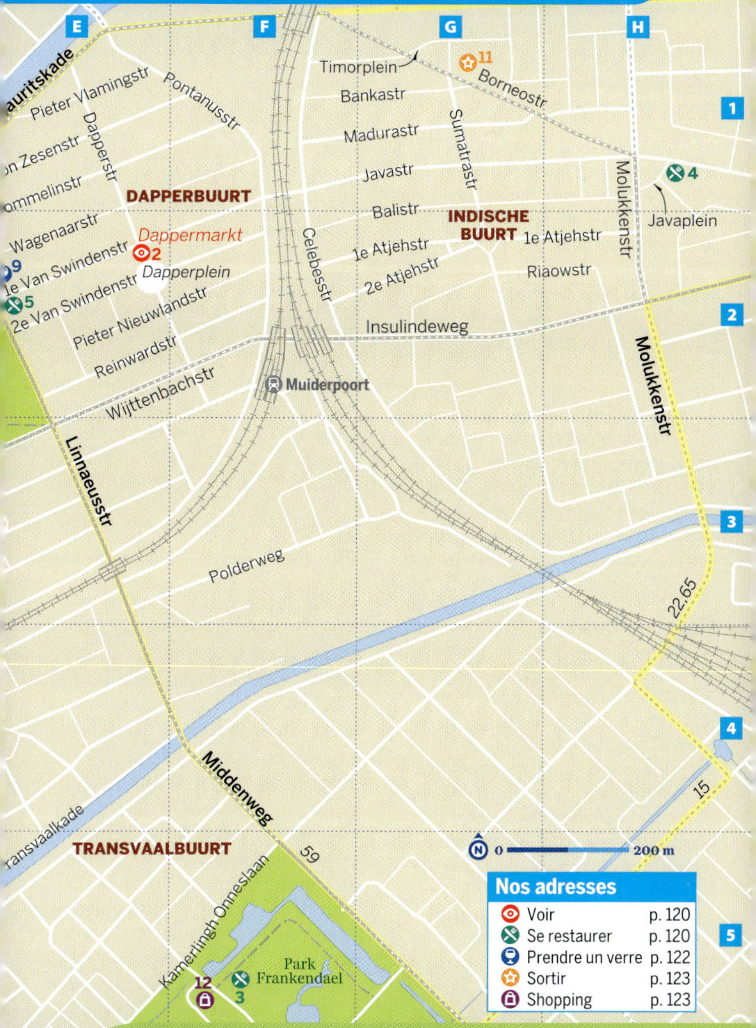
E
F
G
H
1
2
3
4
5
Timorplein
Bankastr
Madurastr
Javastr
Balistr
Borneostr
Sumatrastr
Molukkenstr
Javaplein
INDISCHE BUURT
1e Atjehstr
2e Atjehstr
Riaowstr
Celebesstr
Insulindeweg
Muiderpoort
DAPPERBUURT
Dappermarkt
Dapperplein
Dapperstr
Pieter Vlamingstr
Pontanusstr
Wagenaarstr
1e Van Swindenstr
2e Van Swindenstr
Pieter Nieuwlandstr
Reinwardstr
Wijttenbachstr
Linnaeusstr
Polderweg
Middenweg
TRANSVAALBUURT
Kamerlingh Onneslaan
Park Frankendael
22, 65
15
59
0
200 m
Nos adresses
Voir p. 120
Se restaurer p. 120
Prendre un verre p. 122
Sortir p. 123
Shopping p. 123

Voir

Tropenmuseum MUSÉE

1 Plan p. 118, D2

Le Tropenmuseum expose sur 3 niveaux des objets de l'époque coloniale, présentés de manière habile et imaginative, à travers un bon nombre d'installations multimédia. On déambule sur un marché africain, on s'assied sous une yourte d'Asie centrale, on contemple des masques rituels et des lances pointues, et l'on entend des enregistrements d'instruments de musique exotiques. Le musée abrite une section pour les enfants, une excellente boutique de souvenirs et un café servant des plats de cuisines du monde. (Musée des Tropiques ; 0880 042 800 ; www.tropenmuseum.nl ; Linnaeusstraat 2 ; adulte/enfant 12,50/8 € ; 10h-17h mar-dim ; ; 9/10/14 Alexanderplein)

Dappermarkt MARCHÉ

2 Plan p. 118, E2

Si l'Albert Cuypmarkt à De Pijp est le roi des marchés, le Dappermarkt tout en longueur mérite le titre de prince. Son chaleureux mélange de saveurs (abricots, olives, poisson) et de babioles (des chaussettes de sport aux tissus chatoyants) fait écho à la diversité culturelle du quartier (où vivent Africains, Turcs et Néerlandais). (www.dappermarkt.nl ; Dapperstraat entre Mauritskade et Wijttenbachstraat ; 9h-17h lun-sam ; 3/7 Dapperstraat)

Se restaurer

De Kas INTERNATIONAL €€€

3 Plan p. 118, F5

Adulé par les Amstellodamois gourmands, De Kas joue la carte du bio dans le cadre chic d'une serre (effet garanti durant un orage !), autour de laquelle poussent la plupart des produits du menu déclinés dans des saveurs intègres et des associations innovantes. Le plat du jour dépend de ce qui vient d'être récolté. Réservation impérative. (462 45 62 ; www.restaurantdekas.nl ; Kamerlingh Onneslaan 3, Park Frankendael ; menu déj/dîner 39/49,50 € ; 12h-14h et 18h30-22h lun-ven, 18h30-22h sam ; ; 9 Hogeweg)

Wilde Zwijnen NÉERLANDAIS CONTEMPORAIN €€

4 Plan p. 118, H1

En saison, on trouve parfois du sanglier (*wilde zwijnen* en néerlandais) au menu de ce restaurant aux tables en bois rustiques, servant une cuisine du terroir, avec un résultat audacieux. La carte affiche aussi en principe un plat végétarien et une ganache chocolat-baies de genièvre. L'*eetbar* situé juste à côté sert de petites assiettes (7 à 12 €), parfaites si l'on n'a pas envie d'un repas complet. (463 30 43 ; www.wildezwijnen.com ; Javaplein 23 ; plats 19-22 €, 3/4 plats 30,50/36,50 € ; 18h-22h lun-jeu, 12h-16h et 18h-22h ven-dim ; ; 14 Javaplein)

Comprendre

Multiculturalisme et immigration

Cosmopolitisme

Non, Amsterdam n'est pas une ville composée uniquement de blonds mesurant 1,80 m ! Avec près de la moitié de ses habitants originaires de l'étranger, Amsterdam présente un visage diversifié. Les anciennes colonies néerlandaises – Indonésie et Surinam en tête – ont fourni le plus gros contingent des résidents étrangers, suivies ensuite par la Turquie et le Maroc. La première vague d'immigrants est arrivée dans les années 1960, lorsque le gouvernement favorisait la venue des travailleurs pour combler un déficit en main-d'œuvre.

Tensions

Depuis l'an 2000, la politique de tolérance qu'ont toujours pratiquée les Pays-Bas envers les immigrés est remise en question. Pim Fortuyn, un homme politique de droite, avait déclaré que le pays était "plein", avant d'être assassiné en 2002. De nouvelles tensions sociales ont éclaté en 2004 avec l'assassinat du réalisateur Theo Van Gogh. Poignardé dans une allée de l'Oosterpark, il était connu pour ses prises de position anti musulmans. Dans une ville réputée pour son ouverture d'esprit, comment interpréter le fait que le meurtrier soit un Amstellodamois (bien que d'origine étrangère) ? Le gouvernement a réagi en 2006 en faisant voter une loi controversée sur l'immigration qui conditionne l'obtention d'un permis de résident à la connaissance du néerlandais et de la culture du pays. L'exemption des ressortissants de l'Union européenne, des États-Unis et du Japon, en vertu d'accords préexistants, prouve que la loi vise essentiellement les immigrés de pays non occidentaux, Maroc et Turquie compris.

Aujourd'hui

Si le gouvernement néerlandais a opéré un virage à droite et tente de restreindre l'immigration, Amsterdam penche toujours à gauche. En comparaison avec d'autres métropoles européennes, l'intégration y est remarquable. Les immigrés ne sont pas relégués en banlieue comme en témoigne une simple promenade dans De Pijp où résonnent une demi-douzaine de langues différentes. Amsterdam tire fierté de son multiculturalisme. Depuis le meurtre de Theo Van Gogh, beaucoup d'Amstellodamois raillent les hommes politiques nationalistes comme le député Geert Wilders qui avait assimilé le Coran à *Mein Kampf*. Le commerce consolide les liens au sein de la population : l'Albert Cuypmarkt dans De Pijp et le Dappermarkt à Oost sont deux formidables marchés cosmopolites où il est possible de le constater.

Roopram Roti

SURINAMIEN €

5 Plan p. 118, E2

Il y a souvent une file d'attente (mais elle avance vite) devant ce modeste restaurant surinamien. Passez commande au bar – un rôti d'agneau extra aux œufs et un *barra* (beignet aux lentilles), au moins – et n'oubliez pas la sauce piquante. Le rôti est l'un des plus tendres qui soient, à emporter ou à savourer sur place à l'une des quelques tables. (1e Van Swindenstraat 4 ; plats 4-10 € ; 14h-21h mar-dim ; 9 1e Van Swindenstraat)

Eetcafe Ibis

ÉTHIOPIEN €€

6 Plan p. 118, A4

Des œuvres d'art et des tissus africains décorent la minuscule salle de ce restaurant, une adresse délicieuse où l'on mange avec les doigts, à l'éthiopienne, en se servant d'*injera* (sorte de grande crêpe) pour déguster des ragoûts aux herbes et des plats épicés à base d'agneau et de bœuf. On peut accompagner cette cuisine authentique de bières africaines. (692 62 67 ; www.eetcafeibis.com ; Weesperzidje 43 ; plats 12-15 € ; 17h-22h mar-dim ; ; 3 Wibautstraat/Ruyschstraat)

100% amstellodamois

Oosterpark

Créé en 1891 pour le plaisir des négociants en diamants ayant fait fortune grâce aux mines sud-africaines, l'**Oosterpark** (aube-crépuscule ; ; 9 1e Van Swindenstraat) a conservé son élégance d'antan. Des hérons cendrés évoluent près des mares de ce vaste jardin, où s'élèvent deux monuments : l'un commémore l'abolition de l'esclavage aux Pays-Bas en 1863 ; le second, *De Schreeuw* (Le Cri), rend hommage à la liberté d'expression, et en particulier au réalisateur Theo Van Gogh, assassiné ici en 2004 (voir p. 121).

Prendre un verre

De Ysbreeker

CAFÉ BRUN

7 Plan p. 118, A3

En terrasse, difficile de choisir entre la vue sur de beaux bâtiments ou les péniches se reflétant dans l'Amstel. À l'intérieur, la clientèle élégante prend place dans de somptueuses alcôves ou au comptoir en marbre pour siroter des bières bio et locales (comme la De Prael) et picorer, par exemple, des boulettes de viande d'agneau. (www.deysbreeker.nl ; Weesperzijde 23 ; 8h-1h dim-jeu, jusqu'à 2h ven et sam ; ; 3 Wibautstraat/Ruyschstraat)

Canvas

BAR

8 Plan p. 118, B5

Un ascenseur permet d'accéder à ce bar-club-restaurant situé au 7e étage, tout en haut du moderne Volkshotel (aménagé dans les anciens locaux du journal *Volkskrant*). Les jeunes créatifs se pressent ici pour la vue sublime et les cocktails à siroter dans un cadre avant-gardiste, au chic cool et urbain. Les soirs de week-end, l'endroit se transforme en club tendance. Pour une soirée encore plus débridée, faites trempette dans les Jacuzzi installés sur le toit. (www.canvas7.nl ; Wibautstraat 150 ; 7h-1h lun-jeu, jusqu'à 4h ven, 8h-16h sam, jusqu'à 1h dim ; M Wibautstraat)

De Biertuin
BEER GARDEN

9 Plan p. 118, E2

Le nom d'enseigne signifie "le *beer garden*", et c'est en effet sa principale caractéristique. Une clientèle jeune et soucieuse de son allure investit la terrasse particulièrement appréciée (et chauffée quand il fait froid). On vient ici se régaler de burgers de premier choix et de bière (environ 12 variétés à la pression, et 50 autres variétés néerlandaises et belges en bouteille). Un rendez-vous très prisé après le travail. (www.debiertuin.nl ; Linnaeusstraat 29 ; 11h-1h dim-jeu, jusqu'à 3h ven-sam ; ; 9 1e Van Swindenstraat)

Bar Bukowski
BAR

10 Plan p. 118, C3

Baptisé ainsi en référence à Charles Bukowski, l'écrivain américain connu pour son œuvre mais aussi pour son amour de la bouteille, ce café Art déco est idéal pour s'attarder toute une journée devant un café, une bière Heineken, un milk-shake à la banane ou un thé au jasmin. Sandwichs-baguette et *flammkuchen* (flammekueche alsacienne) sont là en cas de petit creux. Pour les envies de boissons plus alcoolisées, les propriétaires tiennent aussi un bar à cocktails juste à côté (ouvert le jeudi, le vendredi et le samedi). (370 16 85 ; www.barbukowski.nl ; Oosterpark 10 ; 8h-1h lun-jeu, jusqu'à 3h ven, 9h-3h sam, jusqu'à 1h dim ; 3/7 Beukenweg)

Sortir

Studio K
CINÉMA, CONCERTS

11 Plan p. 118, G1

Avec deux cinémas, un club, une salle de concerts et de théâtre, un restaurant éclectique (qui sert des sandwichs au déjeuner, et des plats internationaux qui plairont aux végétariens au dîner), ainsi qu'une immense terrasse, le Studio K est une vitrine unique des tendances à Oost. On commence par y prendre un café et on finit parfois par y danser toute la nuit… (692 04 22 ; www.studio-k.nu ; Timorplein 62 ; 11h-1h dim-jeu, jusqu'à 3h ven-sam ; ; 14 Zeeburgerdijk)

Shopping

De Pure Markt
MARCHÉ

12 Plan p. 118, F5

Ce marché se tient le dernier dimanche du mois au Park Frankendael (près du restaurant De Kas). Les petits producteurs et les artisans y vendent des saucisses, du raisin et bien d'autres choses. Jetez un coup d'œil à l'ouest du marché aux jardins partagés et à leurs cabanes. Aux beaux jours, leurs propriétaires organisent des pique-niques arrosés. (www.puremarkt.nl ; Park Frankendael ; 11h-18h dim mars-oct et déc ; 9 Hogeweg)

Explorer

Nieuwmarkt et Plantage

Le quartier de Nieuwmarkt appartient au cœur historique d'Amsterdam. Rembrandt y a immortalisé ses canaux et les joailliers, en particulier les diamantaires, y ont largement contribué à l'enrichissement de la ville. Quartier arboré, conçu pour satisfaire les riverains aisés, le quartier voisin, Plantage ("plantation"), abrite un jardin botanique, un zoo, un intéressant musée de la Résistance et un authentique moulin à vent.

L'essentiel en un jour

Commencez par la visite du **Museum het Rembrandthuis** (p. 126), la remarquable maison-atelier de Rembrandt où le maître réalisa ses plus beaux tableaux. À proximité, **Gassan Diamonds** (p. 133), une vaste taillerie de diamants, rend ce savoir-faire accessible grâce à une visite guidée gratuite. Ceux qui préfèrent l'histoire opteront pour le **Joods Historisch Museum** (p. 132), qui retrace la vie dans l'ancien quartier juif.

Grignotez un sandwich surinamien bien épicé chez **Tokoman** (p. 135), puis passez l'après-midi à découvrir les nombreux sites d'intérêt de Plantage. Si l'**Artis Royal Zoo** (p. 132) séduit les enfants, les plantes anciennes de l'**Hortus Botanicus** (p. 133) et les expositions sur la résistance au **Verzetsmuseum** (p. 132) impressionnent le public de tous âges. À l'heure de l'apéritif, direction la brasserie bio **Brouwerij 't IJ** (p. 137) pour vous désaltérer au pied d'un moulin à vent.

Dînez dans le restaurant **Greetje** (p. 135), ou au **Gebr Hartering** (p. 135), pour goûter la cuisine néerlandaise contemporaine, puis attablez-vous dans l'un des cafés autour de Nieuwmarkt ou allez prendre un dernier verre plus bas dans la rue au **Café de Doelen** (p. 137).

Pour une tournée des cafés dans Nieuwmarkt et Plantage, voir p. 128.

Les incontournables

Musée et maison de Rembrandt (p. 126)

100% amstellodamois

Les cafés des deux quartiers (p. 128)

Le meilleur du quartier

Musées

Verzetsmuseum (p. 132)

De Appel (p. 129)

Restaurants

Greetje (p. 135)

Tokoman (p. 135)

Prendre un verre et faire la fête

Brouwerij 't IJ (p. 137)

De Sluyswacht (p. 129)

Comment y aller

Tram Les lignes 9 et 14 desservent Waterlooplein (d'où l'on rejoint à pied Nieuwmarkt), l'ancien quartier juif et Plantage.

Métro Il existe une station à Nieuwmarkt, mais autant prendre le tramway jusqu'à Waterlooplein et marcher jusqu'à la place.

Les incontournables
Musée et maison de Rembrandt

On s'attendrait presque à croiser le maître en personne dans ce musée aménagé dans la maison à trois étages au bord du canal où Rembrandt Van Rijn vécut et dirigea l'atelier de peinture le plus prolifique du pays entre 1639 et 1658, en plein Siècle d'or. Il en fit l'acquisition à l'apogée de sa carrière, après s'être vu commander la célèbre *Ronde de nuit*. La maison, pleine de charme et remplie de souvenirs, nous plonge dans le quotidien du peintre.

Musée et maison de Rembrandt

Plan p. 130, B3

520 04 00

www.rembrandthuis.nl

Jodenbreestraat 4

adulte/enfant 12,50/4€

10h-18h

9/14 Waterlooplein

Musée et maison de Rembrandt

À ne pas manquer

La maison

Grâce à la fortune de sa femme Saskia Van Uylenburgh, Rembrandt acheta en 1639 cette maison de 1606 à prix d'or. Le rez-de-chaussée comprend le séjour-chambre et l'antichambre où Rembrandt recevait sa clientèle de notables.

L'atelier et le cabinet de curiosités

Un étroit escalier conduit à l'atelier baigné de lumière, aménagé comme si le peintre venait tout juste de s'éclipser pour grignoter un morceau dans la cuisine. Des artistes y montrent comment Rembrandt sélectionnait et mélangeait les couleurs. De l'autre côté du couloir, coquillages, verrerie, bustes romains et alligators empaillés collectionnés par Rembrandt meublent l'étonnant cabinet de curiosités.

Les gravures

Le dernier étage est consacré à la collection presque complète des célèbres gravures de Rembrandt (environ 250), exposées par roulement. On peut y voir entre 20 et 100 gravures à l'encre selon l'exposition. Des démonstrations de leur technique de réalisation, à l'aide d'une presse en chêne, ont lieu plusieurs fois par jour.

Une "heureuse" faillite...

La maison causa la débâcle financière de Rembrandt. Face à son incapacité à honorer son emprunt, en 1656, les meubles, les œuvres d'art et les objets qu'elle contenait furent vendus pour indemniser les créanciers. L'inventaire dressé par le percepteur a cependant permis de reconstituer fidèlement l'intérieur de la maison. Rembrandt passa le restant de sa vie dans le Jordaan, alors meilleur marché.

☑ À savoir

- Il y a moins de monde à l'ouverture ou après 15h.
- L'achat de billets en ligne se justifie ici beaucoup moins que pour d'autres grands musées.
- Procurez-vous un audioguide gratuit à l'accueil, près des escaliers.

Une petite faim ?

De l'autre côté du canal, en face de la maison de Rembrandt, la salle ornée de mosaïques du **Tisfris** (Plan p. 130, B3 ; www.tisfris.nl ; St Antoniebreestraat 142 ; plats 5-14 € ; 9h-19h ; 9/14 Waterlooplein) se double d'une terrasse. Prenez place et renseignez-vous sur le sandwich du jour.

Derrière le musée, des vendeurs ambulants proposent des sandwichs aux falafels, des frites et d'autres en-cas aux abords du marché aux puces de Waterlooplein (p. 129).

100% amstellodamois

La tournée des cafés de Nieuwmarkt et de Plantage

L'animation de Nieuwmarkt et la végétation de Plantage font du secteur un lieu de balade agréable. L'originalité des cafés aménagés dans des entrepôts, une ancienne maison d'éclusier du XVIIe siècle, la tour d'une porte de la ville et maints autres endroits rendent la promenade encore plus plaisante. Un marché aux puces et un espace artistique de qualité contribuent aussi au dynamisme ambiant.

❶ Pause au Café Scharrebier

Joignez-vous aux habitants qui lisent le journal et jouent au Scrabble au **Café Scharrebier** (scharrebier.nl ; Rapenburgerplein 1 ; 11h-1h dim-jeu, jusqu'à 3h ven-sam ; 22 Kadijksplein). Surplombant l'écluse, la terrasse de ce douillet petit café brun est agréable pour boire une bière ou manger un sandwich (le Scharrebier était une boisson à base de bière coupée avec de l'eau pour qu'elle soit moins chère).

❷ Flânerie sur les quais à l'Entrepotdok

La Compagnie hollandaise des Indes orientales, qui s'est enrichie au XVIIe siècle grâce au commerce maritime, possédait l'**Entrepotdok** (9/14 Plantage Kerklaan). S'étendant sur 500 m, cette rangée d'entrepôts était le plus important lieu de stockage d'Europe. Ils abritent aujourd'hui des bureaux, des appartements et des cafés parfaits pour paresser quelques heures au bord de l'eau.

❸ Mémorial du Wertheimpark

En face du jardin botanique, le **Wertheimpark** (Plantage Parklaan ; 7h-21h ; 9/14 Mr Visserplein) invite à flâner à l'ombre des saules, près de la Nieuwe Herengracht. Dans la partie nord-est du parc, les habitants viennent souvent déposer des gerbes de fleurs au mémorial d'Auschwitz, composé de miroirs brisés réfléchissant le ciel.

❹ Brocante

Sur la place jadis appelée Vlooienburg ("bourg aux puces"), le **marché aux puces de Waterlooplein** (www.waterloopleinmarkt.nl ; 9h-18h lun-sam ; 9/14 Waterlooplein) attire les chineurs en quête de vieilleries, de contrefaçons de créateurs ou de cadenas pour vélo pas chers. Le marché est né en 1880 sous l'impulsion de commerçants juifs du quartier.

❺ De Sluyswacht

De Sluyswacht (www.sluyswacht.nl ; Jodenbreestraat 1 ; 12h30-1h lun-jeu, jusqu'à 3h ven-sam, jusqu'à 19h dim ; 9/14 Waterlooplein) penche comme un bateau par grand vent. L'éclusier de l'Oude Schans habitait jadis cette petite maison noire bâtie en 1695. Sa terrasse en bordure de canal est l'une des plus agréables pour boire une bière Dommelsch (la spécialité maison) en toute décontraction.

❻ Le Waag

L'imposant bâtiment du **Waag** (www.indewaag.nl ; Nieuwmarkt 4 ; M Nieuwmarkt) date de 1488. Ancienne porte de la ville puis siège du Poids public, il abrite l'un des nombreux cafés qui font de Nieuwmarkt un lieu de rendez-vous prisé l'après-midi et en soirée. Le samedi, un marché de petits producteurs envahit la place, relayés le dimanche par les antiquaires.

❼ Fondue au Café Bern

On se presse depuis plus de 30 ans au **Café Bern** (622 00 34 ; www.cafebern.com ; Nieuwmarkt 9 ; plats 12-18 € ; restaurant 18h-23h sept-juin ; M Nieuwmarkt), délicieusement vieillot, pour se régaler de fondue au gruyère et d'entrecôte. Il ferme une partie de l'été quand les températures ont raison des envies de fondue. Réservation conseillée.

❽ Art au De Appel

De Appel (625 56 51 ; www.deappel.nl ; Prins Hendrikkade 142 ; adulte/enfant 7/4,50 € ; 11h-18h mar-dim ; 4/9/16/24 Centraal Station), est un centre d'art contemporain tout neuf. Les conservateurs découvrent de jeunes talents internationaux. Expositions, conférences, projections de films et spectacles.

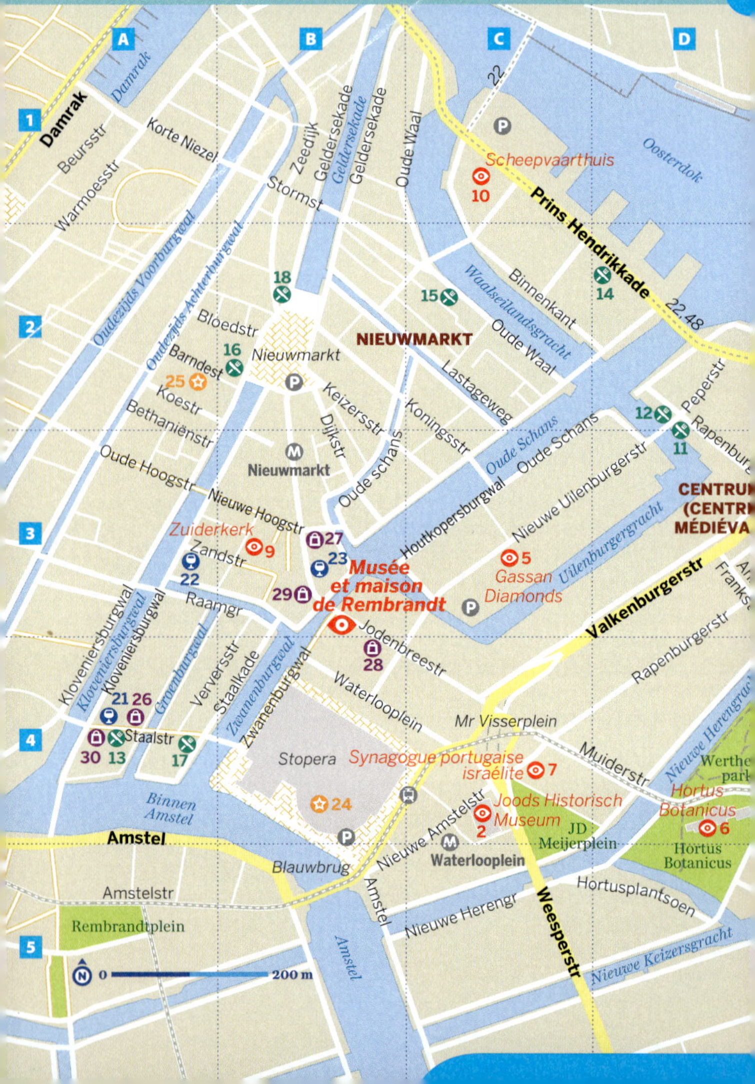
A
B
C
D
1
2
3
4
5
Damrak
Damrak
Beursstr
Korte Niezel
Warmoesstr
Zeedijk
Geldersekade
Geldersekade
Geldersekade
Oude Waal
Stormst
Scheepvaarthuis
10
Oosterdok
Prins Hendrikkade
22
22,48
Oudezijds Voorburgwal
Oudezijds Achterburgwal
18
15
Waalseilandsgracht
Binnenkant
14
Bloedstr
NIEUWMARKT
Oude Waal
16
Nieuwmarkt
Barndest
25
Koestr
Keizersstr
Lastageweg
Bethanienstr
Dijkstr
Koningsstr
Peperstr
12
11
Rapenburg
Oude Schans
Oude Schans
Oude schans
Nieuwmarkt
Oude Hoogstr
Nieuwe Hoogstr
Houtkopersburgwal
Nieuwe Uilenburgerstr
CENTRU
(CENTR
MÉDIÉVA
Zuiderkerk
9
27
Zandstr
23
22
Musée et maison de Rembrandt
5
Gassan Diamonds
Uilenburgergracht
29
Raamgr
Valkenburgerstr
Franks
Jodenbreestr
28
Rapenburgerstr
Kloveniersburgwal
Kloveniersburgwal
Kloveniersburgwal
Groenburgwal
Verversstr
Staalkade
Zwanenburgwal
Zwanenburgwal
Waterlooplein
Mr Visserplein
21
26
Staalstr
30
13
17
Stopera
Synagogue portugaise israélite
7
Muiderstr
Nieuwe Herengracht
Wertheimpark
Binnen Amstel
24
Joods Historisch Museum
2
Hortus Botanicus
6
JD Meijerplein
Amstel
Nieuwe Amstelstr
Waterlooplein
Hortus Botanicus
Blauwbrug
Amstelstr
Amstel
Hortusplantsoen
Nieuwe Herengr
Weesperstr
Rembrandtplein
Amstel
Nieuwe Keizersgracht
0
200 m

E
F
G
H
1
2
3
4
5
Nos adresses
Les incontournables p. 126
Voir p. 132
Se restaurer p. 135
Prendre un verre p. 137
Sortir p. 138
Shopping p. 138
Dijksgracht
IJ Tunnel
32,39
NEMO
Chantiers navals
Barges anciennes
Kattenburg
ÎLES DE L'EST
(OOSTELIJKE EILANDEN)
Wittenburg
Het Scheepvaartmuseum
Kattenburgerstr
42
Kattenburgervaart
Grote Wittenburgerstr
Kleine Wittenburgerstr
Schippersgr
Kadijkspl
Nieuwevaart
Wittenburgergr
Overhalsgang
Hoogte Kadijk
Laagte Kadijk
Oostenburgergr
Nieuwe Vaart
Plantagekade
Entrepotdok
Entrepotdok
ge Parklaan
Verzetsmuseum
1
Henri Polaklaan
Plantage Kerklaan
P
4
Micropia
19
20
8
llandsche
houwburg
PLANTAGE
3
Artis Royal Zoo
Artis Royal Zoo
Plantage Middenlaan
Plantage Muidergr
ntage Muidergracht
Aquarium et musée zoologique
Sarphatistr

Voir

Verzetsmuseum
MUSÉE

1 Plan p. 130, E4

Ce musée montre sans détours le courage nécessaire pour résister à un adversaire si impitoyable qu'on ne peut plus faire confiance à ses voisins, à ses amis et même à sa famille. Les expositions offrent un aperçu des difficultés qu'ont dû surmonter ceux qui combattaient l'occupant allemand de l'intérieur pendant la Seconde Guerre mondiale, mais aussi des agissements de la minorité qui s'était rangée du côté des nazis. Les légendes sont en néerlandais et en anglais. Le **Verzetsmuseum Junior** relate les histoires de quatre enfants néerlandais, selon une mise en perspective de la résistance accessible à un jeune public. (Musée de la Résistance néerlandaise ; 620 25 35 ; www.verzetsmuseum.org ; Plantage Kerklaan 61 ; adulte/enfant 10/5 € ; 10h-17h mar-ven, à partir de 11h sam-lun ; 9/14 Plantage Kerklaan)

Joods Historisch Museum
MUSÉE

2 Plan p. 130, C4

Le musée d'Histoire juive occupe un ensemble restauré de quatre synagogues ashkénazes des XVIIe et XVIIIe siècles et retrace l'histoire de la communauté juive aux Pays-Bas, décimée pendant la guerre. L'audioguide gratuit en anglais vous fournira des précisions. Le billet donne accès à la synagogue (p. 134). (531 03 80 ; www.jhm.nl ; Nieuwe Amstelstraat 1 ; adulte/enfant 15/7,50 € ; 11h-17h ; 9/14 Mr Visserplein)

Artis Royal Zoo
ZOO

3 Plan p. 130, F5

Agrémenté de jolis étangs, de statues et de sentiers arborés, le plus vieux zoo d'Europe continentale accueille beaucoup d'animaux, de l'alligator au zèbre, en passant par les oiseaux et les singes. Il faut voir les habitats reconstitués et très convaincants, comme la savane africaine et la jungle tropicale, ainsi que l'aquarium garni de récifs coralliens, les bassins à requins, le canal envisagé depuis le point de vue des poissons, le planétarium et la section où les enfants peuvent approcher les animaux de près. (523 34 00 ; www.artis.nl ; Plantage Kerklaan 38-40 ; adulte/enfant 19,95/16,50 €, avec Micropia 27/23 € ; 9h-18h mars-oct, jusqu'à 17h nov-fév ; 9/14 Plantage Kerklaan)

Micropia
MUSÉE

4 Plan p. 130, E4

L'invisible devient visible dans le premier musée des microbes du monde, dont les expositions renseignent sur ces formes de vie microscopiques, mais aussi sur vous-même (nombre de microbes sur un corps humain, ce qu'ils y font et ce que l'on peut apprendre d'eux). Le musée est spécialement conçu pour intéresser les enfants à la science. Idéal à partir de 8 ans. (www.micropia.nl ; Artisplein, Plantage Kerklaan 38-40 ; adulte/enfant 14/12 €, avec l'Artis Royal Zoo 27/23 € ; 9h-18h dim-mer, jusqu'à 20h jeu-sam ; 9/14 Artis)

Hortus Botanicus

Gassan Diamonds

TAILLERIE DE DIAMANTS

5 Plan p. 130, C3

Dans ce vaste atelier de taille du diamant, découvrez comment une roche brute devient un joyau. On vous détaillera les critères de qualité et vous verrez les tailleurs et les polisseurs à l'œuvre. La visite d'une heure est la meilleure du genre en ville. L'atelier se trouve sur Uilenburg, l'une des îles rectangulaires poldérisées dans les années 1580 lors de l'afflux de juifs séfarades d'Espagne et du Portugal. Dans les années 1880, Gassan est devenu le premier atelier de taille à utiliser la vapeur. (www.gassan.com ; Uilenburgerstraat 173-175 ; entrée libre ; 9h-17h ; 9/14 Waterlooplein)

Hortus Botanicus

JARDIN

6 Plan p. 130, D4

Créé en 1638, ce jardin botanique assez compact était à l'origine un lieu de conservation des graines et des plantes exotiques rapportées par les navires néerlandais. C'est de là que les plants de café, d'ananas, de cannelle et de palmiers à huile furent ensuite distribués dans le monde entier. Les 4 000 variétés différentes sont conservées dans de superbes structures, dont la maison aux graines de l'époque coloniale et une serre où sont recréés trois climats. (Jardin botanique ; www.dehortus.nl ; Plantage Middenlaan 2a ; adulte/enfant 8,50/4,50€ ; 10h-17h, jusqu'à 19h dim juil-août ; 9/14 Mr Visserplein)

Comprendre

Maisons penchées

Non vous ne rêvez pas, certains édifices d'Amsterdam penchent. Si quelques-uns comme De Sluyswacht (p. 129) ont bougé avec le temps, l'inclinaison vers l'avant de nombreuses maisons au bord du canal est voulue. Les escaliers intérieurs étant très étroits, il fallut trouver une solution plus simple pour transporter les objets et meubles volumineux jusqu'en haut. Des palans fixés au niveau des pignons permettaient de hisser les objets par les fenêtres sans que la charge heurte le mur grâce à la façade penchée vers l'avant.

Synagogue portugaise israélite ÉDIFICE RELIGIEUX

7 Plan p. 130, C4

La plus grande synagogue d'Europe lors de sa construction en 1675 (toujours en activité), se distingue par de lourds piliers et une vingtaine de candélabres en cuivre. Sa bibliothèque (Ets Haïm), abrite l'une des plus anciennes et des plus importantes collections de livres juifs en Europe. Un escalier extérieur (près de l'entrée) descend aux "chambres du trésor" recelant des manuscrits du XVIe siècle et des tapisseries tissées aux fils d'or. Billet combiné avec le Joods Historisch Museum (p. 132). (www.portugesesynagoge.nl ; Mr Visserplein 3 ; adulte/enfant 15/7,50 € ; 10h-17h dim-jeu, jusqu'à 16h ven, fermé le sam mars-oct, horaires restreints nov-fév ; 9/14 Mr Visserplein)

Hollandsche Schouwburg MÉMORIAL

8 Plan p. 130, E5

Ce théâtre historique, qui s'appelait l'Artis Theatre lors de son inauguration en 1892, ne tarda pas à devenir un haut lieu de la vie culturelle d'Amsterdam, programmant de grandes pièces tragiques et des opérettes. Pendant la Seconde Guerre mondiale, l'occupant allemand en fit un théâtre juif, puis il devint un centre de détention où transitaient les juifs avant leur déportation. (Théâtre de Hollande ; 531 03 10 ; www.hollandscheschouwburg.nl ; Plantage Middenlaan 24 ; don conseillé 3 € ; 11h-17h ; 9/14 Plantage Kerklaan)

Zuiderkerk ÉGLISE

9 Plan p. 130, B3

Hendrick de Keyser, architecte de la Renaissance hollandaise, construisit cette "église du Sud" en 1611. Première église d'Amsterdam spécialement édifiée pour les protestants, elle conserve une architecture catholique mais ne possède pas de chœur. Le dernier office eut lieu en 1929. Pendant la Seconde Guerre mondiale, lors de l'"hiver de la faim", elle servit de morgue. Aujourd'hui, elle accueille des événements privés. On pourra visiter le clocher quand il rouvrira après rénovation, en 2017, afin de profiter de la vue panoramique sur la ville. (zuiderkerkamsterdam.nl ; Zuiderkerkhof 72 ; M Nieuwmarkt)

Scheepvaarthuis ARCHITECTURE

10 Plan p. 130, C1

Érigée en 1916, cette majestueuse "Maison de la navigation" fut la première véritable réalisation de l'école d'Amsterdam – c'est aujourd'hui un hôtel de luxe, le Grand Hotel Amrath. L'extérieur en forme de proue comprend de nombreux ornements à la thématique nautique : ainsi voit-on Neptune, son épouse et quatre personnages féminins représentant les quatre points cardinaux. Entrez pour admirer ses vitraux, ses magnifiques appliques et sa cage d'escalier de style Art déco. (Prins Hendrikkade 108 ; 4/9/16/24 Centraal Station)

Se restaurer

Greetje NÉERLANDAIS CONTEMPORAIN €€€

11 Plan p. 130, D3

Avec des produits bio du marché, Greetje ressuscite et réinvente les recettes néerlandaises traditionnelles comme le bœuf mariné, le veau braisé aux abricots, le *stamppot* (purée de pommes de terre et de légumes) aux poireaux, et la poitrine de porc en sauce à la moutarde hollandaise. Le mieux pour commencer est le Big Beginning pour deux (15 €/pers), avec un assortiment d'entrées chaudes et froides. (779 74 50 ; www.restaurantgreetje.nl ; Peperstraat 23-25 ; plats 23-27 € ; 18h-22h dim-ven, jusqu'à 23h sam ; 22/34/35/48 Prins Hendrikkade)

Gebr Hartering NÉERLANDAIS CONTEMPORAIN €€

12 Plan p. 130, D2

Ce petit bijou, fondé par deux frères, propose une carte renouvelée chaque jour. On ne sait donc jamais ce que l'on va manger, mais les plats sont toujours délicieux et présentés avec raffinement. Carte des vins restreinte. La salle à manger lambrissée et l'emplacement au bord du canal composent un cadre très romantique. (421 06 99 ; www.gebr-hartering.nl ; Peperstraat 10 ; menu 4/7 plats 40/65 € mar, mer et dim, menu 6/9 plats 50/75 € jeu-sam ; 18h-22h30 mar-dim ; 32/33 Prins Hendrikkade)

Sterk Staaltje TRAITEUR €

13 Plan p. 130, A4

À voir les cagettes de fruits sur le trottoir, on pourrait prendre cet établissement pour un primeur.

100% amstellodamois

Tokoman

On fait la queue pour goûter aux épices surinamiennes de **Tokoman** (Waterlooplein 327 ; sandwichs 3-4,50 €, plats 6,50-12,50 € ; 11h-20h lun-sam ; 9/14 Waterlooplein). Les gourmets s'accordent à dire qu'on y mange le meilleur *broodje pom*, un sandwich garni d'une savoureuse purée au poulet et aux féculents, à déguster avec du *zuur* (condiment au chou) et du *peper* (piment). Ajoutez une canette fraîche d'eau de coco.

100% amstellodamois

L'Éléphant vert

Avec ses boiseries ornementées et son opulence de l'époque victorienne, **De Groene Olifant** (www.degroeneolifant.nl ; Sarphatistraat 510 ; 11h-1h dim-jeu, jusqu'à 2h ven-sam ; 9 Alexanderplein) vous transporte immédiatement dans le passé. Installez-vous en compagnie des Amstellodamois au bar datant de 1880 environ, et admirez les vitraux Art déco – à moins que vous ne préfériez vous replier dans la salle à manger haute de plafond pour dîner comme les élégants du Plantage d'antan.

Mais, à l'intérieur, c'est une véritable caverne d'Ali Baba de plats : boulettes de viande teriyaki, quiche à la feta et aux tomates séchées, wraps à la citrouille, soupe du jour, succulents sandwichs (rosbif, raifort et roquette ; poulet mariné, guacamole et crème aigre), salades et pâtes. (sterkstaaltje.com ; Staalstraat 12 ; plats 4-7,60 € ; 8h-19h lun-ven, 8h-18h sam, 11h-17h dim ; 4/9/14/16/24 Muntplein)

Moes

NÉERLANDAIS CONTEMPORAIN **€€**

14 Plan p. 130, D2

De la ferme à l'assiette : c'est le credo du bar-restaurant au sous-sol du centre artistique De Appel (p. 129). Il y a toujours un poisson du jour et une formule végétarienne concoctée avec des produits locaux. Les plats varient, parfois des raviolis au chou-rave avec petits pois et menthe, ou du collier de porc lentement mijoté avec des haricots borlotti. Excellente sélection de vins et de cidres bio. (623 54 77 ; www.totmoes.nl ; Prins Hendrikkade 142 ; plats 11,50-19,50 € ; 17h-23h mar-ven, 11h-23h sam, 11h-18h dim ; ; 4/9/16/24 Centraal Station)

Hemelse Modder

NÉERLANDAIS CONTEMPORAIN **€€**

15 Plan p. 130, C2

Des murs vert céleri et des tables de bois blond servent de cadre à une cuisine légère et sans prétention axée sur les poissons de la mer du Nord et les produits de la ferme, avec des plats comme la pintade rôtie avec sauce aux cèpes et aux morilles, suivis d'un pudding aux fruits rouges. S'il n'y en a plus, rabattez-vous sur la *hemelse modder* ("boue céleste"), une mousse au chocolat blanc et noir. Agréable terrasse à l'arrière. (624 32 03 ; www.hemelsemodder.nl ; Oude Waal 11 ; plats 20 €, menu 3 plats 35 € ; 18h-23h ; M Nieuwmarkt)

Toko Joyce

INDONÉSIEN **€**

16 Plan p. 130, B2

Composez-vous un plateau de spécialités d'Indonésie et du Surinam ou optez pour la "lunch box" (nouilles ou riz et deux garnitures épicées au coco). Terminez par une part de *spekkoek* (mille-feuille de pain d'épice moelleux) et installez-vous à l'étage ou sur les bancs voisins, face au canal. (www.tokojoyce.nl ; Nieuwmarkt 38 ; plats 6,50-10,50 € ; 16h-20h lun, à partir de 11h mar-sam, à partir de 13h dim ; M Nieuwmarkt)

Frenzi
MÉDITERRANÉEN €€

17 Plan p. 130, A4

Les sublimes tapas (manchego et compote de figues, sardines marinées, champignons au gorgonzola fondu) de cette adresse vous rassasieront, mais gardez de la place pour les plats principaux (morue panée à la purée de fenouil, gnocchis à la citrouille avec tombée d'épinards, gigot d'agneau aux asperges rôties). Frenzi propose aussi 110 variétés de grappa. Concerts de jazz le samedi à 15h. (423 51 12 ; www.frenzi-restaurant.nl ; Zwanenburgwal 232 ; plats au déj 7-14 €, dîner 14,50-18,50 €, tapas 4,50-6 € ; 11h-22h ; 4/9/14/16/24 Muntplein)

Latei
CAFÉ €€

18 Plan p. 130, B2

La jeunesse locale se presse dans ce café en vogue, où l'on peut aussi acheter les appliques, les lustres rétro, les tables ou tout élément de la décoration. La carte d'inspiration éthiopienne ou indienne est concoctée du jeudi au samedi soir par le "collectif de cuisiniers" ; sandwichs, tartes aux pommes et *koffie verkeerd* (cafés au lait) le reste de la semaine. Un chat prénommé Elvis vagabonde dans le café. (www.latei.net ; Zeedijk 143 ; plats au déj 3,75-6,50 €, plats 6-16 € ; 8h-18h lun-mer, 8h-22h jeu-ven, 9h-22h sam, 11h-18h dim ; ; M Nieuwmarkt)

IJsmolen
GLACES €

19 Plan p. 130, H4

Adresse proche du moulin à vent De Gooyer où la glace maison a des saveurs néerlandaises telles que *stroopwafel* (gaufre au sirop de caramel) et *speculaas* (spéculoos), mais aussi : mangue, menthe, *stracciatella*, pastèque et cheese-cake au citron. Quand il fait chaud, ouverture jusqu'à 22h. (Zeeburgerstraat 2 ; 1/2/4 boules 1,50/2,75/4,75 € ; 12h-21h ; 10 Hoogte Kadijk)

Prendre un verre

Brouwerij 't IJ
BRASSERIE

20 Plan p. 130, H4

Sous les ailes du moulin De Gooyer (1725), la principale microbrasserie bio de la ville produit de délicieuses bières (souvent fortes) : classiques, de saison et en éditions limitées. Buvez-en une dans la salle de dégustation, dont les murs disparaissent sous une collection de bouteilles, ou sur la terrasse, à l'ombre des platanes. La visite guidée de la brasserie (30 min, 4,50 €) inclut une bière. (www.brouwerijhetij.nl ; Funenkade 7 ; brasserie 14h-20h, visite en anglais 15h30 ven-dim ; 10 Hoogte Kadijk)

Café de Doelen
CAFÉ BRUN

21 Plan p. 130, A4

À un carrefour animé entre l'Amstel et le quartier Rouge, ce café de 1895 fait son âge (tête de chèvre en bois sculpté, lampes de style Tiffany et sable sur le sol), mais l'ambiance y est jeune et joyeuse. Aux beaux jours, des tables sont installées de l'autre côté de la rue, au bord du canal. (Kloveniersburgwal 125 ; 9h-1h lun-jeu, 9h-3h ven-sam, 10h-1h dim ; 4/9/14/16/24 Muntplein)

Cafe de Engelbewaarder

CAFÉ BRUN

22 Plan p. 130, A3

Avis aux mélomanes, ce petit café organise le dimanche à partir de 16h30 (sept-juin), des sessions de jazz, ouvertes et très suivies. En semaine, on y sirote une bière (15 variétés à la pression) près des fenêtres. (www.cafe-de-engelbewaarder.nl ; Kloveniersburgwal 59 ; 10h-1h lun-ven, 10h-3h ven-sam, 12h-1h dim ; M Nieuwmarkt)

Bluebird

COFFEE SHOP

23 Plan p. 130, B3

À l'écart des *coffee shops*, Bluebird est moins touristique. De belles fresques et des tableaux d'artistes locaux décorent la salle. Il y a un salon avec fauteuils en cuir ; on sert des boissons sans alcool et des en-cas de qualité, comme des pancakes frais. Réputé pour son hash, il propose des variétés introuvables ailleurs à Amsterdam. (Sint Antoniesbreestraat 71 ; 9h30-1h ; M Nieuwmarkt)

Sortir

Muziektheater

MUSIQUE CLASSIQUE

24 Plan p. 130, B4

Il accueille l'Opéra et le Ballet national des Pays-Bas mais aussi des artistes de renom et des compagnies de danse internationales. Les moins de 30 ans ont droit à des places à 10-15 € en se présentant 1 heure 30 en avance. De septembre à mai, des concerts gratuits de musique classique le mardi entre 12h30 et 13h à la Boekmanzaal. (625 54 55 ; www.operaballet.nl ; Waterlooplein 22 ; guichet 12h-18h lun-ven, jusqu'à 15h sam-dim ou jusqu'au spectacle sept-juil ; 9/14 Waterlooplein)

Bethaniënklooster

MUSIQUE CLASSIQUE

25 Plan p. 130, A2

Cet ancien monastère près de Nieuwmarkt possède une superbe salle de bal. C'est un lieu de rêve pour les concerts de musique de chambre. Dans la cave voûtée, place au jazz. (625 00 78 ; Barndesteeg 6b ; sept-juil ; M Nieuwmarkt)

Shopping

Droog

DÉCORATION INTÉRIEURE

26 Plan p. 130, A4

Les créations de cette marque néerlandaise ne manquent pas d'humour. On trouve des articles dont on n'aurait pas imaginé avoir besoin, comme des ventouses ultra puissantes. Également une galerie d'exposition, un café bleu et blanc fantaisiste, une cour-jardin digne d'*Alice au pays des merveilles*, et un appartement au dernier étage (double 275 €). (www.droog.com ; Staalstraat 7 ; 11h-18h mar-dim ; 4/9/14/16/24 Muntplein)

Knuffels

JOUETS, CHAUSSURES

27 Plan p. 130, B3

Les enfants adorent les mobiles de cette boutique très fréquentée, mais aussi les *knuffels* (peluches), les marionnettes et les puzzles. Des sabots en bois au sous-sol ! (www.knuffels.com ; St Antoniesbreestraat 39-51 ; 10h-18h lun-sam, à partir de 11h dim ; ; M Nieuwmarkt)

Droog

Het Fort van Sjakoo

LIVRES

28 Plan p.130, B4

Fondée en 1977, cette librairie ancrée à gauche vend des ouvrages sur la culture underground, des fanzines locaux et des traductions de Trotsky, souvent en anglais. (625 89 79 ; www.sjakoo.nl ; Jodenbreestraat 24 ; 11h-18h lun-ven, jusqu'à 17h sam ; 9/14 Waterlooplein)

Henxs

MODE

29 Plan p. 130, B3

Petite boutique indépendante de deux étages où retrouver les marques favorites des skateurs et des graffeurs comme Hardcore, Bombers Best, Evisu et G-Star. À côté, l'espace Henxs vend du matériel de tag et des accessoires branchés. (www.henxs.com ; St Antoniesbreestraat 138 ; 11h-18h lun-ven, jusqu'à 17h sam ; M Nieuwmarkt)

Juggle

BOUTIQUE SPÉCIALISÉE

À côté du Café de Doelen (voir 21 Plan p. 130, A4), Juggle vend monocycles, cerceaux de feu, tours de magie, etc. (www.juggle-store.com ; Staalstraat 3 ; 12h-17h30 mar-sam ; 4/9/14/16/24 Muntplein)

Marbles Vintage

VÊTEMENTS

30 Plan p. 130, A4

Marbles propose de jolis articles à prix raisonnables. Jupes, robes, manteaux, chaussures, bottes et bijoux vintage. Poursuivez votre shopping dans d'autres boutiques tendance situées dans le même pâté de maisons. (Staalstraat 30 ; 11h-19h ; 4/9/14/16/24 Muntplein)

Explorer

Port et îles de l'Est

Cet ancien quartier des chantiers navals et des entrepôts, jadis en marge de la ville, porte désormais les projets de l'avant-garde architecturale néerlandaise. Vous trouverez à vous occuper au dynamique Muziekgebouw aan 't IJ et à l'excellent musée d'Histoire maritime, mais ce sont surtout les constructions innovantes qui vous interpelleront. Quelques bars et restaurants tirent parti de leur emplacement privilégié au bord de l'eau.

L'essentiel en un jour

Consacrez la matinée aux sites principaux. Prenez l'escalator jusqu'au café au dernier étage de la **Centrale Bibliotheek Amsterdam** (p. 144) pour profiter du panorama. Traversez le pont pour rejoindre le **NEMO** (p. 144, photo ci-contre), la Cité des sciences d'Amsterdam plébiscitée par les enfants. Longez les quais jusqu'à la fondation **ARCAM** (p. 145) et son centre d'information sur l'architecture, puis visitez le **Het Scheepvaartmuseum** (p. 144), le très riche musée d'Histoire maritime.

L'après-midi, découvrez l'architecture contemporaine atypique des docks de l'Est. Avalez un sandwich chez **De Wereldbol** (p. 146), avant de mettre le cap à l'ouest en passant devant le grand immeuble anguleux et argenté surnommé "**La Baleine**" (p. 145). Rejoignez l'**Amsterdam Roest** (p. 147), collectif d'artistes et *beer garden* branché où il se passe toujours quelque chose. Autre adresse de quartier, **Hannekes Boom** (p. 147) se distingue aussi par son splendide *beer garden*.

Pensez à réserver votre table pour vous régaler au dîner de fruits de mer issus de la pêche durable au **Zouthaven** (p. 145). Terminez la soirée en musique à l'incontournable **Muziekgebouw aan 't IJ** (p. 148), au club de jazz **Bimhuis** (p. 149) ou par un concert bon marché au **Conservatorium van Amsterdam** (p. 149).

Le meilleur du quartier

Musée

Het Scheepvaartmuseum (p. 144)

Avec des enfants

NEMO (p. 144)

Centrale Bibliotheek Amsterdam (p. 144)

Sorties

Muziekgebouw aan 't IJ (p. 148)

Bimhuis (p. 149)

Conservatorium van Amsterdam (p. 149)

Amsterdam gratuit

ARCAM (p. 145)

Comment y aller

Tram La ligne 10 rejoint les îles de l'Est en passant par le Jordaan et la ceinture des canaux sud. La ligne 26 va de Centraal Station au Muziekgebouw et au secteur nord-est du port.

Bus Les lignes 22 et 48 (via Centraal Station) prennent la relève dans les zones non desservies par le tramway.

A
B
C
D
1
2
3
4
5
Het IJ
32,39
IJ Tunnel
6
18
19
Javabrug
Piet Heinkade
26
Terminal des passagers
Vriesseveem
326
Oosterdoksstr
14
Centrale Bibliotheek Amsterdam
3
20
13
32,39
Dijksgracht
Oosterdokskade
9
Oosterdok
Chantiers navals
2
NEMO
Kattenburg
22, 48
Barges anciennes
42
Kattenburgerstr
Kattenburgervaart
Wittenbu
Oude Schans
CENTRUM (CENTRE MÉDIÉVAL)
1
Het Scheepvaartmuseum
ARCAM
4
Grote Wittenburgerstr
Kleine Wittenburgerstr
Uilenburgergracht
Schippersgr
Kadijkspl
Nieuwevaart
Nieuwe Vaart
Wittenburgergr
23
Waaigat
Valkenburgerstr
Overhalsgang
Oostenburgergr
Hoogte Kadijk
Piantagekade
Entrepotdok
PLANTAGE
Artis Royal Zoo
Nos adresses
Voir p. 144
Se restaurer p. 145
Prendre un verre p. 147
Sortir p. 148
Shopping p. 149

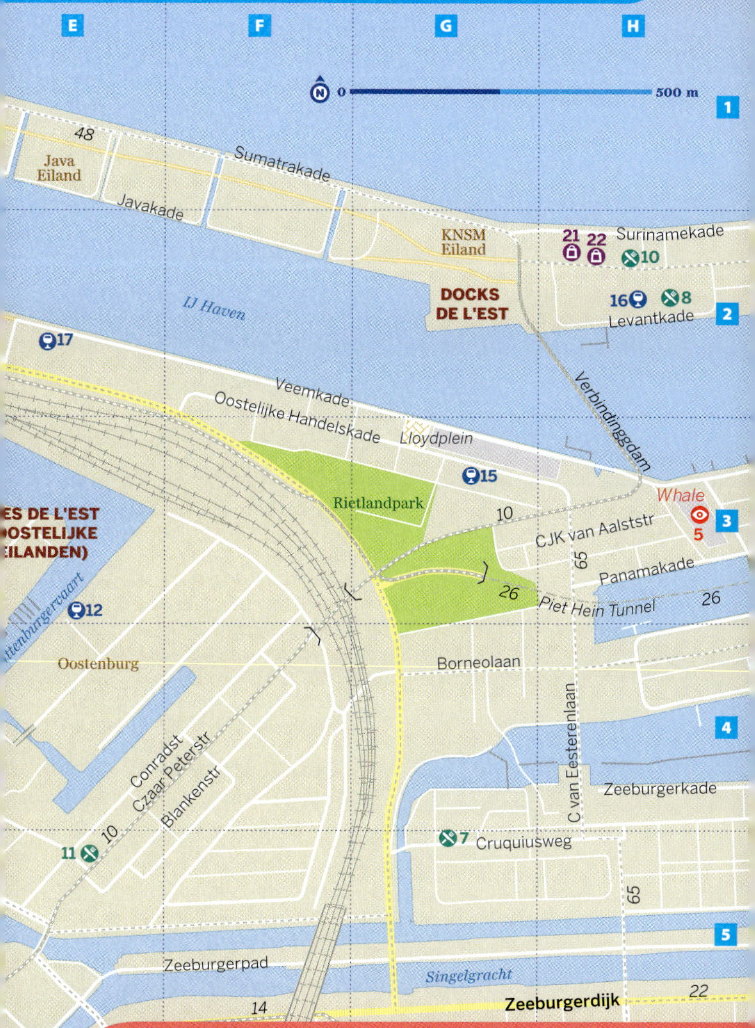
E
F
G
H
0
500 m
1
2
3
4
5
48
Java Eiland
Sumatrakade
Javakade
KNSM Eiland
21
22
Surinamekade
10
DOCKS DE L'EST
16
8
Levantkade
IJ Haven
17
Veemkade
Oostelijke Handelskade
Lloydplein
Verbindingdam
15
Whale
5
Rietlandpark
10
CJK van Aalststr
65
Panamakade
26
Piet Hein Tunnel
26
ES DE L'EST
OOSTELIJKE
EILANDEN)
12
ttenburgergracht
Oostenburg
Borneolaan
C van Eesterenlaan
Conradstr
Czaar Peterstr
Blankenstr
Zeeburgerkade
10
11
7
Cruquiusweg
65
Zeeburgerpad
Singelgracht
14
Zeeburgerdijk
22

Voir

Het Scheepvaartmuseum MUSÉE

1 Plan p. 142, B4

Un gigantesque bâtiment de l'Amirauté, datant du XVIIe siècle, abrite les collections maritimes parmi les plus riches au monde. Le musée traite aussi bien des premières grandes routes maritimes et des batailles navales que de la pêche (classique ou à la baleine), et présente quelque 500 maquettes de navires et vaisseaux. Une réplique grandeur nature de l'*Amsterdam*, l'un des plus grands navires (700 tonnes) de la flotte de la Compagnie des Indes orientales, est amarrée à l'extérieur. (523 22 22 ; www.scheepvaartmuseum.nl ; Kattenburgerplein 1 ; adulte/enfant 15/7,50 € ; 9h-17h ; 22/48 Kattenburgerplein)

> Comprendre
> ### Îles de l'Est
>
> Kattenburg, Wittenburg et Oostenburg, ces îles qui englobent les alentours du Het Scheepvaartmuseum, ont accueilli leurs premiers bâtiments vers 1650 pour faire face au développement rapide du commerce maritime d'Amsterdam. La compagnie des Indes orientales installa ses entrepôts, ses corderies et ses ateliers pour l'entretien de sa flotte à Oostenburg. Les chantiers navals privés et les maisons de dockers dominent Wittenburg, l'île du milieu, tandis que les bureaux du ministère de la Marine et des immeubles se dressent sur Kattenburg, l'île la plus à l'ouest. On armait jadis les navires de guerre dans les chantiers navals attenants, encore en activité aujourd'hui.

NEMO MUSÉE

2 Plan p. 142, B3

NEMO, le musée des Sciences et des Technologies, est perché au-dessus de l'entrée de l'IJ-tunnel. Cet édifice vert-de-gris semble s'élever du front de mer, pareil à un navire en train de lever l'ancre. Ses expositions interactives (avec explications en anglais) plaisent aux petits et aux grands. Ils s'amusent du dessin au laser, des miroirs truqués anti gravité et du "labo" qui permet de répondre à ces questions cruciales : "comment se fait-il que le noir soit noir ?" ou "comment fabrique-t-on le fromage ?". Le toit jalonné de gradins, avec vue panoramique, est la plus grande terrasse d'été de la ville. (531 32 33 ; www.e-nemo.nl ; Oosterdok 2 ; 15 €, toit-terrasse gratuit ; 10h-17h30, fermé lun sept-mars ; 22/48 IJ-Tunnel)

Centrale Bibliotheek Amsterdam BIBLIOTHÈQUE

3 Plan p. 142, A2

Inaugurée en 2007, la plus grande bibliothèque du pays occupe cette "tour du savoir" (c'est son surnom) de 9 étages qui s'est fait une place de choix dans le paysage urbain de plus en plus moderne. De confortables fauteuils et canapés sont disséminés à chaque étage, ainsi que des postes connectés et le Wi-Fi gratuit. Le café du dernier étage offre une vue imprenable sur la ville. (523 09 00 ; www.oba.nl ; Oosterdokskade 143 ; entrée libre ; 10h-22h ; 4/9/16/24/26 Centraal)

ARCAM

ARCHITECTURE

4 Plan p. 142, B4

Le siège de cette fondation (centre d'architecture d'Amsterdam) doit être une priorité pour les amateurs d'architecture et d'urbanisme. Le personnel, fin connaisseur, donne des clés pour comprendre les expositions, souvent renouvelées. Sur place : des livres, des cartes et des suggestions d'itinéraires à pied, à vélo ou en transport en commun. (Stichting Architectuur-centrum Amsterdam ; 620 48 78 ; www.arcam.nl ; Prins Hendrikkade 600 ; entrée libre ; 13h-17h mar-sam ; 22/48 Kadijksplein)

Whale

ARCHITECTURE

5 Plan p. 142, H3

Construit entre 1998 et 2000 par l'architecte néerlandais Frits van Dongen, cet immeuble d'habitation écologique et recouvert de zinc se distingue par ses deux angles surélevés, qui font entrer davantage la lumière du jour. C'est ce qui lui donne sa forme générale de baleine ("whale" en anglais), laquelle s'apprécie très bien depuis Levantkade sur KNSM Eiland. (Ertskade ; 10 JF Van Hengelstraat)

Bon plan

Balade en tramway

Le tramway sillonne nombre de secteurs de la ville. Rien de tel pour jouer les touristes sans se fatiguer. L'une des meilleures, la ligne 10, débute à proximité de Westerpark puis longe la ceinture des canaux avant de gagner les îles de l'Est. En chemin, elle passe devant des maisons du XIXe siècle, le Rijksmuseum et le moulin à vent de la Brouwerij 't IJ. Également intéressante, la ligne 2 part de Centraal Station et passe par le Dam, les canaux, le Rijksmuseum et le musée Van Gogh, pour longer ensuite le sud du Vondelpark.

Se restaurer

Zouthaven

POISSON, FRUITS DE MER **€€**

6 Plan p. 142, B1

Le splendide restaurant du Muziekgebouw aan 't IJ offre un emplacement et une vue imbattables : plusieurs étages vitrés et une vaste terrasse panoramique permettent en effet d'embrasser l'IJ du regard. Côté nourriture (haddock, terrine aux moules de Zélande, saumon en croûte d'herbes), l'excellence est aussi au rendez-vous. Poissons et fruits de mer sont bio ou proviennent de la pêche durable. (788 20 90 ; www.zouthaven.nl ; Piet Heinkade 1, Muziek-gebouw aan 't IJ ; plats au déj 7,50-14,50 €, dîner 20-26,50 € ; 11h30-22h ; 26 Muziekgebouw)

Gare de l'Est

INTERNATIONAL €€

7 Plan p. 142, G5

C'est la surprise : on ignore quels sont les quatre plats du menu jusqu'à l'arrivée des assiettes (toutefois, les régimes alimentaires spéciaux du type végétarisme sont respectés). Azulejos portugais et lampes moyen-orientales décorent le charmant édifice de 1901, mais, par beau temps, les meilleures places sont dans la cour. (463 06 20 ; www.garedelest.nl ; Cruquius-weg 9 ; menu 4 plats 33 € ; 18h-22h ; 22 Het Funen)

De Wereldbol

INTERNATIONAL €€

8 Plan p. 142, H2

Le chef et propriétaire est aussi avenant que passionné. Une carte constamment renouvelée et une vue de rêve sur les bateaux font de ce petit restaurant aux boiseries sombres l'adresse idéale pour déjeuner (soupes, salades et sandwichs), ou terminer une journée de visite du quartier en dînant par exemple de loup aux spaghettis à l'encre de seiche et de cake à la banane avec sorbet à la banane maison. (362 87 25 ; www.dewereldbol.nl ; Piraeusplein 59 ; plats au déj 7,50-16 €, dîner 17,50-20,50 €, menu 3 plats 35 € ; 12h-21h mar-dim ; 10 Azartplein)

Sea Palace

CHINOIS €€

9 Plan p. 142, A3

Les restaurants chinois flottants ont ceci d'amusant qu'ils ont l'air de pièges à touristes alors qu'ils servent souvent une cuisine excellente. Les 3 niveaux du Sea Palace sont pris d'assaut par la clientèle locale et les touristes qui ne viennent pas seulement pour la vue splendide sur l'IJ et sur la ville. Au menu notamment : un choix fourni de dim sums et une fondue chinoise très épicée. Réservation recommandée. (626 47 77 ; www.seapalace.nl ; Oosterdokskade 8 ; plats 17-38 €, dim sum 4-8,50 € ; 12h-23h ; 4/9/16/24/26 Centraal)

Kompaszaal

CAFÉ €€

10 Plan p. 142, H2

Installé dans le hall d'arrivée de la centenaire KNSM, la compagnie royale néerlandaise de bateaux à vapeur, ce café aux beaux volumes met au menu des plats comme la limande-sole aux artichauts et au beurre de lavande, ou le poussin rôti à l'aïoli et au riz pilaf. Les mosaïques vertes et la vue sur l'eau depuis le balcon (idéal pour prendre une bière) font encore plus d'effet. (419 95 96 ; www.kompaszaal.nl ; KNSM-laan 311 ; plats au déj 6-13,50 €, dîner 15-21 €, goûter dinatoire 17,50 € ; cuisine 10h-17h mer, 10h-22h jeu-ven, 11h-22h sam-dim ; ; 10 Azartplein)

Instock

INTERNATIONAL €€

11 Plan p. 142, E5

L'Instock s'est donné la réduction du gaspillage alimentaire pour raison d'être. Sa petite voiture électrique de collecte fait le tour des épiceries comme Albert Heijn et Hilton Meats, en passant par la poissonnerie Jan van As et la brasserie Heineken, pour récupérer des denrées encore consommables mais destinées à être jetées. Avec ces provisions, le restaurant concocte de

ARCAM (p. 145)

délicieux menus de 3 plats (dont une formule végétarienne). Les prix varient en fonction des ingrédients. (www.instock.nl ; Czaar Peterstraat 21 ; plats 4-10 €, menu 3 plats 26 € ; 9h-22h dim-mer, jusqu'à 23h jeu-sam ; ; 10 Eerste Coehoornstraat)

Prendre un verre

Amsterdam Roest BEER GARDEN

12 Plan p. 142, E3

L'Amsterdam Roest ("*roest*" signifiant "rouille"), à la fois collectif d'artistes, bar et restaurant, a été aménagé dans d'anciens chantiers navals en déréliction. La terrasse, à l'ombre d'immenses grues bleues, fait face au canal, et un entrepôt industriel tient lieu de salle. L'endroit accueille des manifestations culturelles (films, concerts, fêtes ou marchés). On peut profiter d'une plage citadine en été et de feux de joie en hiver. (www.amsterdamroest.nl ; Jacob Bontiusplaats 1 ; 11h-1h dim-jeu, jusqu'à 15h ven-sam ; 22 Wittenburgergracht)

Hannekes Boom BEER GARDEN

13 Plan p. 142, B2

Face au NEMO, ce café cool au bord de l'eau est une adresse secrète. Construit avec des matériaux recyclés, il comporte un *beer garden* qui a tout d'un vrai jardin, avec des bancs en bois brut, des tables de pique-nique et des barbecues. Concerts de musiques douces (jazz, folk) à partir de 15h30 le dimanche. (www.hannekesboom.nl ; Dijksgracht 4 ; 10h-1h dim-jeu, jusqu'à 3h ven-sam ; 26 Muziekgebouw)

Bon plan

À bicyclette

Le vélo se prête bien à la découverte du quartier. La boutique de location la plus proche, MacBike (www.macbike.nl), se trouve à Centraal Station, à 10 minutes à deux-roues du port et des îles de l'Est. Elle vend aussi des cartes cyclistes avec les grands incontournables architecturaux du secteur.

SkyLounge

BAR À COCKTAILS

14 Plan p. 142, A2

Une vue sans pareille à 360° s'offre à travers les baies vitrées du SkyLounge, au 11e niveau de l'hôtel DoubleTree Amsterdam Centraal Station – elle est encore plus belle sur la vaste SkyTerrace, jonchée de canapés et pourvue d'un bar extérieur. On a le choix entre plus de 500 cocktails ; des DJ officient régulièrement. (doubletree3.hilton.com ; Oosterdoksstraat 4 ; 11h-1h dim-jeu, jusqu'à 3h ven-sam ; 1/2/4/5/9/14/16/24 Centraal Station)

KHL

BAR

15 Plan p. 142, G3

Aménagé dans un ancien entrepôt en brique de 1917 et décoré de superbes mosaïques, le KHL a une terrasse magnifique, idéale pour siroter du vin provenant de petits vignobles. Il accueille des concerts, de la musique latino à la pop, en passant par la musique klezmer (musique juive traditionnelle). (khl.nl ; Oostelijke Handelskade 44 ; 12h-minuit mar-dim ; 26 Rietlandpark)

Kanis & Meiland

BAR

16 Plan p. 142, H2

Les "îliens" ont un faible pour ce vaste café avec sa belle table de lecture en bois, ses baies vitrées face au continent et sa terrasse paisible donnant sur l'eau. (www.kanisenmeiland.nl ; Levantkade 127 ; 8h30-1h lun-ven, 10h-1h sam-dim ; ; 10 Azartplein)

Mezrab

CLUB

17 Plan p. 142, E2

Connu pour son hilarant karaoké de hard-rock, mais aussi pour ses soirées dance alternatives, ses concerts de rock indé, de jazz, de world music, ce club du port (anciennement le Café Pakhuis Wilhelmina) incarne le meilleur des sorties sans chichis. Il accueille aussi des soirées contes (en anglais et en néerlandais) le dernier jeudi du mois. Horaires variables, paiement en espèces uniquement. (419 33 68 ; www.mezrab.nl ; Veemkade 576 ; 20h-1h dim-jeu, jusqu'à 3h ven-sam ; 26 Kattenburgerstraat)

Sortir

Muziekgebouw aan 't IJ

SALLE DE CONCERTS

18 Plan p. 142, B1

Derrière une façade high-tech, la salle principale somptueusement éclairée cache une scène transformable avec une excellente acoustique. La salle de jazz,

Bimhuis, est plus intimiste. Les moins de 30 ans peuvent acheter des places à 10 € au guichet 30 minutes avant. Les autres peuvent obtenir des tarifs réduits au Last Minute Ticket Shop (p. 80). (billets 788 20 00 ; www.muziekgebouw.nl ; Piet Heinkade 1 ; billets gratuit-37 € ; guichet 12h-18h lun-sam et 1 heure 30 avant le spectacle ; 26 Muziekgebouw)

Bimhuis JAZZ

19 Plan p. 142, B2

Épicentre de la scène jazz des Pays-Bas, le Bimhuis et ses élégantes salles du Muziekgebouw aan 't IJ attirent de grands noms internationaux. (788 21 88 ; bimhuis.nl ; Piet Heinkade 3 ; billets gratuit-28 € ; fermé août ; 26 Muziekgebouw)

Conservatorium van Amsterdam MUSIQUE CLASSIQUE

20 Plan p. 142, A2

Assistez à un récital donné par les étudiants du plus grand conservatoire de musique du pays. Ses beaux locaux inondés de lumière, dans un élégant bâtiment contemporain doté d'innombrables baies vitrées, ont une acoustique dernier cri. (527 78 37 ; www.ahk.nl/conservatorium ; Oosterdokskade 151 ; 4/9/16/24 Centraal Station)

Shopping

Loods 6 CENTRE COMMERCIAL

21 Plan p. 142, H2

Il ne s'agit pas là d'un centre commercial mais plutôt d'un ensemble de boutiques aménagées dans un ancien entrepôt des douanes et terminal de passagers de la KNSM (compagnie royale néerlandaise de bateaux à vapeur) construit en 1900. Signalons le magasin de vêtements pour enfants **Imps & Elfs** (www.imps-elfs.com ; KNSM-Laan 297, Loods 6 ; 10h-18h mar-sam, 12h-17h dim ; 10 Azartplein), les poteries et articles pour la maison néerlandais de Pols Potten, ainsi que les galeries d'art et les boutiques de mode. (www.loods6.nl ; KNSM-laan 143 ; 10 Azartplein)

Pols Potten DÉCORATION INTÉRIEURE

22 Plan p. 142, H2

Comment font les nouveaux arrivants, dans ce quartier soucieux d'élégance, pour décorer leurs appartements ? Ils se rendent dans cette grande boutique, qui vend entre autres de somptueuses céramiques. (419 35 41 ; www.polspotten.nl ; KNSM-laan 39, Loods 6 ; 10h-18h mar-sam, 12h-17h dim ; 10 Azartplein)

Frank's Smoke House ALIMENTATION

23 Plan p. 142, D4

Fournisseur de premier choix des restaurateurs, Frank propose de délicieux saumons d'Alaska, flétans et thons jaunes qui peuvent être emballés sous vide pour faciliter leur transport (renseignez-vous pour les douanes). Il vend aussi de succulents sandwichs (flétan fumé au relish à la citrouille ; crabe royal ; sanglier et chutney de canneberges). (www.smokehouse.nl ; Wittenburgergracht 303 ; 9h-16h lun, 9h-18h mar-ven, 9h-17h sam ; 22 Wittenburgergracht)

Amsterdam
selon ses envies

Les plus belles balades

Envie de...

Édifices néerlandais traditionnels
S.BORISOV / SHUTTERSTOCK ©

Les plus belles balades
Canaux enchanteurs

Itinéraire

Cet itinéraire longe certains des plus beaux canaux. Au-delà du paysage de carte postale, les canaux ont servi pendant plus de quatre siècles à assécher des terres détrempées pour bâtir Amsterdam sur des polders qui assurent le drainage. Le panorama romantique et les péniches ajoutent encore au charme du parcours.

Départ À l'angle de Staalstraat et de Groenburgwal ; 4/9/14/16/24 Muntplein

Arrivée De Ysbreeker ; 3 Wibautstraat/ Ruyschstraat

Distance 3 km ; 2 heures en flânant

Une petite faim ?

Sirotez un café en profitant du décor de babioles vintage du **Café Langereis** (cafelangereis.nl ; Amstel 202 ; 11h-3h dim-jeu, jusqu'à 4h ven-sam ; ; 4/9/14 Rembrandtplein), installé au pied du Blauwbrug (pont Bleu).

DENNIS VAN DE WATER / SHUTTERSTOCK ©

Vue depuis le Groenburgwal en direction de la Zuiderkerk

1 Groenburgwal

Rejoignez le pont à bascule blanc enjambant le **Groenburgwal**. Les Amstellodamois considèrent qu'il offre vers le nord la plus belle vue sur les canaux. Elle a été immortalisée en 1874 par un tableau impressionniste de Claude Monet, *La Zuiderkerk à Amsterdam en regardant le Groenburgwal*.

2 Exposition NAP

Dirigez-vous vers le Stopera, un édifice réunissant l'hôtel de ville et le **Muziektheater** (p. 138). À l'intérieur, jetez un coup d'œil au centre des visiteurs du **Normaal Amsterdams Peil (NAP)**. Le **Normaal Amsterdams Peil** est l'indice de référence pour mesurer le niveau de la mer aux Pays-Bas – Amsterdam est située en dessous du niveau des eaux.

3 Blauwbrug

Érigé en 1884 sur le modèle du pont Alexandre-III parisien, le **Blauwbrug** (pont Bleu) comporte des sculptures de poissons et de hauts lampadaires décoratifs surmontés de la couronne impériale. Leur base évoque une proue de navire.

4 Reguliersgracht

Longez Herengracht jusqu'à **Reguliersgracht** (p. 72), le canal aux sept ponts. Dos à Thorbeckeplein, l'Herengracht coule devant vous. En vous penchant sur le pont, vous apercevrez les sept arches enjambant le canal.

5 Magere Brug

Remontez Keizergracht, puis tournez à droite pour découvrir le **Magere Brug** (pont Maigre), apprécié pour les photos de mariage. La légende attribue sa construction à deux sœurs qui, séparées par un canal, souhaitaient se rendre visite plus facilement.

6 Amstelsluizen

Poursuivez vers le sud jusqu'aux **Amstelsluizen**. Depuis 1674, ces imposantes écluses alimentent les canaux en eau douce. Les écluses à l'ouest de la ville restent ouvertes pendant que l'eau stagnante est rejetée à la mer.

7 De Ysbreeker

Traversez à nouveau le canal et empruntez Prof Tulpplein en passant devant l'hôtel InterContinental.

Rejoignez **De Ysbreeker** (p. 122), l'ancien lieu de rendez-vous des gaillards chargés de briser la glace sur l'Amstel pour le passage des péniches. Installez-vous sur la grande terrasse face au canal.

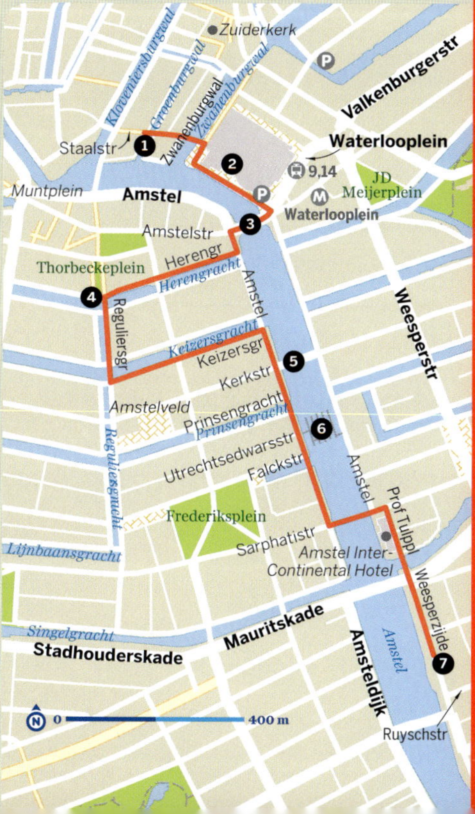

Les plus belles balades

Gourmandises et patrimoine

Itinéraire

Cette promenade offre un bel aperçu de la ville en moins de 2 heures à travers ses spécialités gourmandes et ses monuments incontournables. De la ceinture des canaux ouest au Centrum (centre-ville), elle est ponctuée de dégustations de fromage (*kaas*), de hareng (*haring*) et de genièvre (*jenever*), mais aussi de visites sur l'emplacement originel de la ville ou au Palais royal, et comprend un ensemble bien caché d'œuvres du Siècle d'or. Privilégiez le début d'après-midi, lorsque les sites et les bars sont ouverts.

Départ De Kaaskamer, 🚋 1/2/5 Spui

Arrivée Wynand Fockink, 🚋 4/9/16/24 Dam

Distance 2 km, 1 heure 30 à 2 heures avec les arrêts

Une petite soif ?

D'agréables cafés et des librairies bordent le Spui (prononcez "spa-o"), une large place fréquentée par les intellectuels et les journalistes. Le **Hoppe** (p. 35) désaltère ce beau monde depuis plus de 340 ans.

De Kaaskamer

❶ De Kaaskamer

Les Néerlandais consomment plus de 14 kilos de fromage par personne et par an. Ils assouvissent notamment ce péché mignon chez **De Kaaskamer** (p. 63), où les meules de gouda, d'édam et d'autres fromages locaux s'empilent jusqu'au plafond. C'est un bon souvenir à emporter !

❷ Béguinage

Laissez le Spui derrière vous. Juste après l'American Book Center, une porte en bois anodine donne sur la cour secrète du **Béguinage** (Begjinhof, p. 28), avec ses deux églises anciennes et son jardin. Traversez la cour jusqu'à l'autre accès.

❸ Galerie des Gardes civiques

À quelques pas au nord du Béguinage, la **galerie des Gardes civiques** (p. 29) réunit des portraits de gardes austères à collerette. Traversez la galerie puis la cour du restaurant de l'Amsterdam Museum pour déboucher dans Kalverstraat.

❹ Palais royal

Kalverstraat mène au **Koninklijk Paleis** (p. 24), la résidence officielle du roi Willem-Alexander, bien qu'il vive la plupart du temps à La Haye. Les salles au décor baroque méritent la visite.

❺ Nieuwe Kerk

À côté, la belle **Nieuwe Kerk** (p. 29) accueille les sacres royaux. Prenez le temps d'admirer son architecture du XVe siècle.

❻ Rob Wigboldus Vishandel

C'est le moment de goûter le célèbre hareng cru de **Rob Wigboldus Vishandel** (p. 32), un petit établissement d'à peine trois tables. Une fois rassasié, dirigez-vous vers Damrak.

❼ Dam

Traversez la place pour rejoindre la partie du **Dam** (p. 30), près du Nationaal Monument, où Amsterdam a vu le jour. Faufilez-vous entre les vélos pour découvrir les urnes contenant de la terre provenant des cimetières militaires, derrière le monument. Engagez-vous dans la rue derrière le NH Grand Hotel Krasnapolsky.

❽ Wynand Fockink

"Chut, le genièvre se repose", lit-on au-dessus de la porte du **Wynand Fockink** (p. 34). La salle de dégustation de cette distillerie de genièvre date de 1679. Selon la tradition, il convient de se pencher sur le verre, rempli à ras bord, pour le boire, sans le porter à ses lèvres... Bonne dégustation !

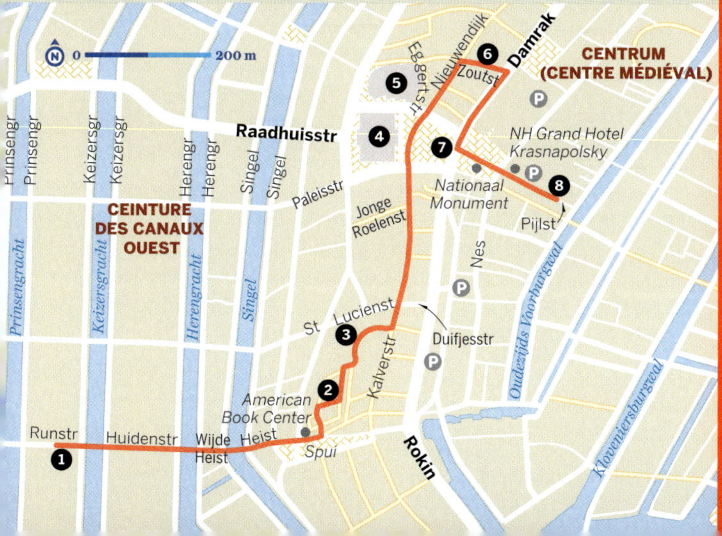

Envie de... Musées et galeries

La réputation des musées d'Amsterdam a franchi les frontières et leur fréquentation compte des millions de visiteurs par an. Les collections d'art occupent une place de choix, mais les maisons riveraines des canaux et converties en musées sont une autre particularité locale. Cette ville à l'esprit ouvert compte aussi des musées décalés, et vous pourrez vous passionner pour l'art du sac à main ou la navigation à bord des péniches !

Les grands maîtres

Qui ne connaît pas Vermeer ou Rembrandt, les maîtres hollandais du Siècle d'or ? À l'époque, les négociants nouvellement enrichis dépensaient leurs deniers pour embellir maisons et boutiques, et asseoir leur prestige, une forme de mécénat dont profitèrent les peintres et qui fit naître plusieurs chefs-d'œuvre.

Autres trésors

L'argenterie, la faïence et les souvenirs rapportés des expéditions maritimes, menées lors de l'âge d'or des Pays-Bas, forment ainsi la base des collections du Rijksmuseum, de l'Amsterdam Museum, du Het Scheepvaartmuseum et du Tropenmuseum.

Au bord des canaux

Il existe deux types de maisons-musées en bordure de canal. Les premières, à l'instar du Museum Van Loon, sont des espaces de vie dont la somptueuse décoration montre la vie des Amstellodamois aisés de l'époque. Les secondes servent de cadre élégant à des collections uniques comme celle sur les chats et l'art du Kattenkabinet.

À savoir

- Pensez aux e-billets, vendus en ligne par la plupart des sites sans supplément (ou presque). Ils permettent d'accéder à une file séparée plus rapide.
- L'affluence est moindre en fin d'après-midi et en soirée.
- Disponible dans les offices du tourisme, la I Amsterdam Card (49/59/69 € pour 24/48/72 heures) peut s'avérer avantageuse.

Musées d'art

Musée Van Gogh La plus importante collection au monde de toiles signées par cet artiste torturé. (p. 86)

Rijksmuseum Le roi des musées néerlandais réunit des Rembrandt, des Vermeer, des faïences de Delft et bien d'autres trésors. (p. 90, photo à gauche)

Maison de Rembrandt L'atelier tacheté de peinture et la belle demeure du maître se visitent. (p. 126)

Stedelijk Museum De grands noms de l'art moderne (Picasso, Mondrian, Warhol) dans un bâtiment à l'allure saisissante. (p. 97)

Hermitage Amsterdam Expositions d'exception dans l'antenne du musée de l'Ermitage russe. (p. 72)

FOAM Un musée de la photographie branché qui organise des expositions temporaires d'artistes internationaux. (p. 73)

Musées d'histoire

Maison d'Anne Frank L'annexe secrète et la chambre d'Anne témoignent des heures tragiques vécues par la communauté juive durant la Seconde Guerre mondiale. (p. 44)

Amsterdam Museum Expositions très intéressantes sur l'histoire complexe d'Amsterdam. (p. 28)

Verzetsmuseum Pour tout savoir sur la résistance néerlandaise sous l'occupation allemande. (p. 132)

Musées insolites

Kattenkabinet Une vénérable maison au bord d'un canal, dédiée aux chats dans l'art. (p. 69)

Tassenmuseum Hendrikje Un musée consacré aux sacs à main, des bourses en cuir du XVIe siècle au modèle acidulé de Madonna. (p. 73)

Pianola Museum Pour entendre des airs rares de jazz et de musique classique joués par des pianos mécaniques d'époque. (p. 50)

Amsterdam Pipe Museum Pipes à opium chinoises, narghilés turcs, pipes équatoriennes anciennes et autres emplissent les vitrines de ce musée. (p. 74)

Musées au bord des canaux

Museum Van Loon Une belle demeure ancienne, emplie de secrets de famille. (p. 72)

Museum Willet-Holthuysen Superbes tableaux et porcelaines de Chine, ainsi qu'un jardin à la française avec cadran solaire. (p. 72)

Musées méconnus

Tropenmuseum Un immense fonds de masques rituels, de lances et d'autres trésors anthropologiques, issus des anciennes colonies néerlandaises. (p. 120)

Het Scheepvaart-museum Le musée d'Histoire maritime rassemble d'anciens globes, d'étranges figures de proue et une réplique de goélette. (p. 144)

Ons' Lieve Heer op Solder Cette maison ordinaire en bordure de canal cache une église du XVIIe siècle riche en reliques. (p. 28)

Galeries d'art

Galerie des Gardes civiques Une collection de portraits immenses, du Siècle d'or à nos jours. (p. 29)

De Appel Un centre d'art contemporain tendance qui oblige à penser en dehors des cadres préétablis. (p. 129)

Envie de... Parcs et jardins

Amsterdam compte une trentaine de parcs, aussi ne serez-vous jamais bien loin d'un îlot de végétation. Les urbanistes créèrent des espaces verts pour laisser respirer les quartiers densément peuplés et le résultat est remarquable, encore aujourd'hui. Il suffit de franchir les grilles du Vondelpark ou d'un autre jardin pour se ressourcer et bénéficier d'un calme bucolique.

Balades et pique-niques

Vondelpark Le plus grand parc d'Amsterdam. Ses bassins, pelouses et allées sinueuses ravissent les amoureux, les cyclistes et les enfants. (p. 94, photo à droite)

Westerpark Contigu à une ancienne usine à gaz reconvertie en centre culturel avant-gardiste, ce vaste parc de l'ouest de la ville, envahi de roseaux, est devenu un lieu en vogue. (p. 65)

Sarphatipark Avec ses pelouses, ses statues et ses fontaines, le poumon vert du Pijp ressemble au Vondelpark, la foule en moins. (p. 107)

Oosterpark Des monuments et des hérons cendrés font partie du paysage de ce grand parc, créé voilà un siècle pour les riches négociants en diamants. (p. 122)

Espaces verts

Hortus Botanicus Les graines exotiques rapportées par la flotte néerlandaise au XVIIe siècle ont été plantées dans ce merveilleux jardin botanique. (p. 133)

Béguinage Une porte discrète dévoile une cour secrète aux pelouses fleuries. (p. 28)

Rijksmuseum Des sculptures de grands artistes au milieu des roseraies et des haies, dans les jardins gratuits (négligés par les visiteurs) du musée. (p. 90)

Museum Willet-Holthuysen Un agréable jardin confidentiel à la française, à l'arrière d'une magnifique maison en bordure de canal. (p. 72)

RACHEL LEWIS / GETTY IMAGES ©

À savoir

- Jan Pieter Heijestraat et Overtoom recèlent plusieurs traiteurs et petits marchés pratiques pour acheter de quoi pique-niquer au Vondelpark.
- De délicieuses échoppes de vente à emporter, idéales pour concocter un pique-nique, bordent Haarlemmerstraat et Haarlemmerdijk en direction du Westerpark.
- La boutique 't Kaasboertje (p. 111) vend des provisions roboratives idéales pour un repas en plein air dans le Sarphatipark.

Envie de... Canaux

Les Amstellodamois ont depuis longtemps conscience de la beauté de la ceinture des canaux, née durant le Siècle d'or. L'Unesco a d'ailleurs reconnu cette particularité architecturale en l'inscrivant au patrimoine mondial, en 2010. Aujourd'hui, les canaux d'Amsterdam sont plus nombreux que ceux de Venise, et la ville compte également trois fois plus de ponts – soit davantage que n'importe quelle autre ville du monde.

Jolies vues

Boucle d'or Les notables du Siècle d'or firent construire leur maison le long du majestueux Herengracht. (p. 69, photo à droite)

Reguliersgracht Le canal aux sept ponts est l'un des plus empruntés par les bateaux-mouches et l'un des sites les plus photographiés d'Amsterdam. (p. 72)

Prinsengracht Le plus animé des canaux intérieurs d'Amsterdam, aux quais bordés de cafés, de boutiques et de péniches. (p. 53)

Brouwersgracht La compétition est rude, et, pourtant, pour les Amstellodamois, c'est le plus beau canal de la ville. (p. 53)

Musées sur les canaux

Het Grachtenhuis D'inventives expositions multimédia expliquent la construction de la ceinture des canaux et de ses splendides maisons. (p. 50)

Houseboat Museum Pour découvrir le mode de vie *gezellig* (convivial, douillet) sur une péniche de 1914 reconvertie en musée. (p. 51)

Tables au bord de l'eau

De Belhamel À l'embouchure de Herengracht, les tables en terrasse de ce superbe restaurant composent un cadre idyllique. (p. 54)

Buffet van Odette Une cuisine simple et inventive, à déguster en contemplant les

LONELY PLANET / GETTY IMAGES ©

maisons penchées de Prinsengracht. (p. 75)

Gebr Hartering Une exquise cuisine néerlandaise contemporaine à savourer en un lieu très romantique. (p. 135)

Bars au bord de l'eau

't Smalle Amarrez votre bateau à côté de la terrasse en pierre de cette ancienne distillerie de *jenever* (genièvre) du XVIIIe siècle. (p. 56)

Hannekes Boom Adresse localement très prisée, pourvue d'un joli *beer garden* verdoyant, en bord de canal. (p. 147)

De Ysbreeker Tout le monde se retrouve dans ce bar donnant sur l'Amstel et ses péniches. (p. 122)

Café Binnen Buiten La meilleure terrasse au bord de l'eau à De Pijp. (p. 107)

Envie de... Gastronomie

La scène gastronomique amstellodamoise est tristement sous-estimée. Pourtant, elle ne se cantonne pas, loin de là, aux crêpes et aux pommes de terre. Les chefs néerlandais revisitent toutes sortes de cuisines régionales et internationales à l'aide de produits provenant des fermes et de la pêche locales. Quel que soit l'établissement choisi, le repas invite donc à s'attarder, et à profiter de la douce lueur des bougies.

Spécialités néerlandaises

Viande, pommes de terre et légumes constituent les piliers de la cuisine traditionnelle néerlandaise. Parmi les plats typiques figure le *stamppot*, une purée de pommes de terre et de légumes (souvent du chou ou des endives), accompagnée de saucisse fumée ou de bacon, deux ingrédients que l'on retrouve dans l'*erwtensoep*, une épaisse soupe de pois. Les *pannenkoeken*, de grandes crêpes, se dégustent sucrées ou salées.

Plats d'Indonésie et du Surinam

La cuisine des anciennes colonies néerlandaises pimente les repas. La spécialité indonésienne, le *rijsttafel* ("table de riz") se compose au minimum d'une dizaine de plats agrémentés de riz. Le curry est le principal apport de la cuisine surinamienne. Délicieux et bon marché, les *roti* sont des pains plats, garnis de curry de viande ou de légumes.

En-cas

Les frites, recouvertes de mayonnaise ou d'autres sauces, s'appellent *vlaamse frites*. Quant aux *kroketten* (croquettes), ce sont des boulettes à base d'ingrédients divers panées puis frites. Dans les cafés bruns, les *bitterballen* (boulettes de viande) servies avec de la moutarde ont du succès.

LONELY PLANET / GETTY IMAGES ©

À savoir

- Nombre de restaurants, même les plus chics, n'acceptent pas les paiements par carte bancaire ou y appliquent un supplément de 5%. N'oubliez pas de vérifier avant de commander.
- Pour les établissements de catégorie moyenne à supérieure, pensez à réserver par téléphone (accueil courant en anglais) ou sur le site Internet.

Cuisine néerlandaise

Ron Gastrobar Le chef superstar Ron Blaauw est aux fourneaux et propose des tapas à la néerlandaise. (p. 98)

Greetje Ressuscite les classiques néerlandais,

Erwtensoep (soupe aux pois)

avec un résultat des plus appétissants. (p. 135)

Bistro Bij Ons Des recettes traditionnelles et authentiques comme le *stamppot*. (p. 54)

Restaurant Elmar Des mariages de saveurs concoctés avec des produits bio locaux. (p. 111)

Cuisine d'Indonésie

Dèsa Adresse très prisée pour ses festins de *rijsttafel*, "table de riz". (p. 112)

Restaurant Blauw Une mise à l'honneur dans un cadre contemporain. (p. 100)

Cuisine du Surinam

Tokoman La file d'attente est longue pour se régaler de sandwichs surinamiens très épicés. (p. 135)

Roopram Roti Un petit établissement sans chichis où l'on mange des *roti* à la sauce pimentée. (p. 122)

Petits budgets

Fat Dog Hot dogs gastronomiques par le chef Ron Blaauw. (p. 110)

The Butcher Sans doute les burgers les plus copieux et les plus frais que vous mangerez jamais, préparés sous vos yeux. (p. 111)

Braai BBQ Bar Bar servant des côtelettes grillées au barbecue, style *street food*. (p. 99)

Tables de gourmets

Gartine Sandwichs et salades *slow food*, remarquable thé gourmand, en centre-ville. (p. 30)

De Kas Dînez dans une serre entourée d'un potager où poussent les ingrédients du repas. (p. 120)

Marius Menu "retour du marché" de 4 plats. (p. 65)

Cuisine végétarienne

Lavinia Good Food Délicieuses minipizzas à l'épeautre, burgers aux champignons de Paris et salades. (p. 77)

De Peper Le restaurant de l'OT301 cuisine végétalien. (p. 102)

Brunch

Bakers & Roasters Le spécialiste du brunch sert notamment du pain perdu aux noix et à la banane et des Bloody Mary. (p. 110)

Scandinavian Embassy Yaourt au lait de chèvre, saumon sur du pain noir danois et d'autres plats du Nord. (p. 111)

Envie de... Bars et cafés

En dépit de sa réputation festive, Amsterdam reste une ville raffinée où la quête du plaisir est plus affaire de confort et de cachet que d'hédonisme. On y laisse filer l'après-midi sur une terrasse ensoleillée au bord d'un canal devant un café, une bière ou un verre de genièvre.

Cafés bruns

Les *bruin cafés* font la fierté d'Amsterdam. Les authentiques cafés bruns existent depuis longtemps et tirent leur nom des murs roussis pendant des siècles par la fumée. On y trouve des tables éclairées à la bougie, du sable au sol et, parfois, un chat en mal de câlins. Il y règne surtout une ambiance décontractée propice aux conversations amicales qui s'éternisent pendant des heures autour d'un verre, un charme qui opère depuis trois siècles.

Autres établissements

Spacieux et confortablement meublés, les grands cafés ont de l'allure. Les “cafés blancs” affichent eux une ambiance branchée et une décoration actuelle. Jadis rattachées à des distilleries, les *proeflokalen* (maisons de dégustation) sont tout indiquées pour goûter au *jenever* (genièvre, prononcez ya-*néi*-ver).

Boissons

La bière hollandaise (à fermentation basse) se sert bien fraîche, avec deux doigts de mousse, ce qui est censé en conserver la saveur. Heineken et Amstel sont les deux marques les plus courantes. La Brouwerij 't IJ et De Prael brassent leurs propres bières excellentes. Outre la bière, les Néerlandais boivent du vin mais surtout beaucoup de café. Ce sont les deuxièmes plus gros consommateurs de café par habitant en Europe après le Danemark.

☑ À savoir

- Ne confondez pas café et *coffee shop* (voir p. 35).
- *Een bier, een pils* ou *een vaas* est une chope de bière ; *een kleintje pils* correspond à un petit verre.
- Un *koffie* est un café classique, et un *koffie verkeerd* (littéralement “café erroné”) un café au lait.

Cafés bruns

't Smalle Le plus intimiste des cafés en bordure de canal, avec un splendide intérieur ancien. (p. 56)

Hoppe Une institution, chère aux journalistes, aux oisifs et aux beaux

Terrasses de cafés en bordure de canal à De Wallen

parleurs. (p. 35, photo ci-dessus)

De Sluyswacht Dans une maison d'éclusier, face au musée Rembrandt. (p. 129)

In 't Aepjen Un vénérable café, éclairé à la bougie, dans une maison vieille de cinq siècles. (p. 35)

Dégustation

Wynand Fockink Du genièvre de qualité depuis 1679. (p. 34)

In de Olofspoort Les habitués disposent de leur bouteille de *jenever* attitrée. (p. 36)

Bars à bières

Café Belgique Les meilleures bières belges à la pression. (p. 35)

Brouwerij 't IJ Une microbrasserie indépendante au pied d'un moulin à vent. (p. 137)

Brouwerij Troost Pour assister au brassage de la bière derrière une vitre. (p. 112)

Bars à cocktails

Franklin Une terrasse fabuleuse et des cocktails originaux comme le "Picnic at Vondel". (p. 100)

Door 74 Ce bar de style *speakeasy* sert les cocktails les plus fous d'Amsterdam. (p. 79)

Coffee shops

Dampkring Hollywood a rendu célèbres la Cannabis Cup et cet établissement dont le décor évoque le Hobbit. (p. 36)

La Tertulia De belles fresques murales inspirées de Van Gogh décorent ce tranquille *coffee shop* de Prinsengracht. (p. 59)

Clubs

Air Adresse très courue pour sa conception écolo, sa musique d'ambiance sensationnelle et ses DJ aux goûts radicaux. (p. 78)

Van Dyck Bar Mettez-vous sur votre trente-et-un pour une soirée digne d'Ibiza. (p. 79)

Bars à vins

Glouglou Des vins au verre 100% naturels. (p. 112)

Pata Negra Une bodega espagnole délicieusement rustique. (p. 79)

Envie de... Shopping

Pendant le Siècle d'or, Amsterdam regorgeait de richesses venues du monde entier. Encore aujourd'hui, on y trouve toutes sortes de produits exotiques, mais la ville se distingue surtout par ses petites boutiques originales aux articles introuvables ailleurs.

Spécialités et souvenirs

Les Néerlandais s'habillent dans un style décontracté et fonctionnel (pratique pour rouler à vélo) et raffolent des objets anciens, d'art ou vintage. Le design néerlandais apporte lui une touche créative et élégante aux objets du quotidien. Les bulbes de tulipe, le gouda et le genièvre constituent des cadeaux incontournables. Les faïences bleu et blanc de Delft et les sabots, faciles à trouver, feront des souvenirs de qualité.

Grands magasins et marques internationales

Les principales artères commerçantes sont Kalverstraat vers le Dam et Leidsestraat qui donne sur Leidseplein. Les boutiques de mode et les grands magasins s'y succèdent telles les marques néerlandaises Hema et De Bijenkorf. Dans le Vieux Sud, les boutiques de luxe (Chanel, Diesel, Gucci) jalonnent PC Hooftstraat.

Petits commerçants et antiquaires

Dans le nord du Jordaan, des adresses branchées et des commerces de bouche bordent Haarlemmerstraat et Haarlemmerdijk. Au sud, les Negen Straatjes (Neuf Rues) se caractérisent par des boutiques insolites. Les amateurs d'art et d'antiquités arpentent Spiegelgracht et Nieuwe Spiegelstraat dans le quartier du Spiegel de la ceinture des canaux sud.

À savoir

- Beaucoup de commerçants n'acceptent pas les cartes bancaires. Prévoyez des espèces.
- Retenez les mots *kassa* (caisse), *korting* (réduction) et *uitverkoop* (liquidation).

Marchés

Albert Cuypmarkt
Couleurs locales et denrées exotiques sur le plus grand marché de la ville. (p. 106)

Marché aux puces de Waterlooplein
Curiosités, chaussures d'occasion et pièces détachées de vélo. (p. 129, photo ci-dessus)

Noordermarkt
Alimentation bio

Sabots dans une boutique de souvenirs

et vêtements vintage en matinée. (p. 47)

Design néerlandais

Frozen Fountain Les gadgets et objets les plus ingénieux qui soient. (p. 61)

Droog Des objets de décoration détournés avec malice par un célèbre collectif de créateurs. (p. 138)

Moooi Gallery Les œuvres extraordinaires du créateur néerlandais Marcel Wanders et d'autres artistes. (p. 61)

Souvenirs

Boutique du Museumplein Une adresse unique pour les produits dérivés sur Rembrandt, Vermeer et Van Gogh. (p. 103)

Condomerie Het Gulden Vlies Des préservatifs excentriques et des cartes postales coquines, tout à fait uniques. (p. 39)

Mode

Young Designers United Pour découvrir les grands noms de la mode de demain. (p. 81)

Tenue de Nîmes Vêtements en jean ultra-cool et créations locales. (p. 62)

SPRMRKT Un grand nom de la mode amstellodamoise. (p. 63)

Livres

Pied à Terre La plus grande librairie de voyages du monde donne des envies d'ailleurs. (p. 103)

Marché aux livres d'Oudemanhuis Des bouquinistes dans un ancien passage couvert. (p. 40)

American Book Center Toutes sortes de livres en langue anglaise répartis sur 3 niveaux. (p. 39)

Objets anciens

Antiekcentrum Amsterdam Insolite galerie marchande abritant des étals d'objets usés par le temps. (p. 46)

Gastronomie Nostalgie Superbe porcelaine ancienne, verres à pied, chandeliers et autres articles pour la table. (p. 40)

Eduard Kramer Céramiques néerlandaises anciennes. (p. 83)

Envie de... Amsterdam gratuit

Si beaucoup de voyageurs déplorent le coût élevé de l'hébergement et des restaurants à Amsterdam, la ville a aussi des bons côtés (gratuits). L'ensemble de la ceinture des canaux, classée au patrimoine mondial de l'Unesco, est un musée à ciel ouvert en accès libre et de merveilleuses activités gratuites vous attendent chaque jour.

Sites

Galerie des Gardes civiques Galerie gratuite de l'Amsterdam Museum exposant des portraits monumentaux. (p. 29)

Béguinage Cette cour discrète du XIVe siècle est bordée de maisons et d'églises secrètes. (p. 28, photo ci-dessus)

Stadsarchief La salle des coffres des archives municipales recèle bien des trésors. (p. 74)

ARCAM Approche fascinante de l'architecture passée, présente et future d'Amsterdam. (p. 145)

Albert Cuypmarkt Fromages, cadenas de vélo et chaussettes abondent sur le plus grand marché d'Amsterdam et dans les nombreux autres bazars. (p. 106)

Salles de concerts

Concertgebouw Jouez des coudes pour assister au concert du mercredi midi qui est souvent une répétition publique de la représentation du soir. (p. 102)

Muziektheater Concerts gratuits de musique classique le mardi midi. (p. 138)

Bimhuis Des sessions de jazz animent ce club mythique le mardi soir. (p. 149)

Openluchttheater Concerts de jazz et spectacles de danse pour enfants l'été sur la scène en plein air du Vondelpark. (p. 102)

North Sea Jazz Club Les jeunes musiciens prometteurs se lâchent à l'occasion des "Summer Sessions" gratuites en semaine et lors de spectacles de fin de soirée le samedi. (p. 65)

Visites guidées

Sandeman's New Amsterdam Tours De jeunes guides montrent les principaux sites du centre. (p. 171)

Gassan Diamonds Pour faire la différence entre un diamant Princesse ou Marquise, blanc ou teinté. (p. 133)

LINDRIK / GETTY IMAGES ©

À savoir

- Des ferries gratuits partent de derrière Centraal Station pour NDSM-werf, un quartier à la pointe de l'art, à 15 minutes du port, et l'EYE Film Institute (p. 167), à 5 minutes.

Envie de... Amsterdam avec des enfants

Malgré sa réputation sulfureuse, Amsterdam est un paradis pour les enfants. Sa taille humaine, ses maisons pittoresques, sa circulation automobile quasi inexistante et ses canaux en font une destination idéale. De plus, les Néerlandais semblent sans cesse vouloir inventer de nouveaux moyens d'amuser les petits.

KAVALENKAU / SHUTTERSTOCK ©

Parcs et musées

NEMO Une Cité des sciences interactive destinée aux enfants et une terrasse accueillant une fontaine pour s'ébattre dans l'eau en été. (p. 144, photo ci-dessus)

Het Scheepvaart-museum Pour monter à bord d'une réplique grandeur nature d'une goélette du XVIIe siècle, canons compris. (p. 144)

Tropenmuseum Un voyage à travers des expositions d'ailleurs au musée des Tropiques. (p. 120)

Vondelpark Toboggans futuristes à l'est du parc, aire de jeux au centre et mares à canard. (p. 94)

Artis Royal Zoo Singes, félins, poissons, mais aussi planétarium. (p. 132)

Centrale Bibliotheek Amsterdam Un étage entier de la bibliothèque est consacré aux jeunes : contes, espaces lecture et livres en anglais. (p. 144)

Micropia Le tout premier musée du microbe au monde explore son sujet à travers des expositions pour le moins inventives. (p. 132)

Cafés et restaurants

Pancakes! Même les fines bouches ne résistent pas à ces délicieuses crêpes. (p. 56)

Het Groot Melkhuis Le café féerique du Vondelpark jouxte une aire de jeux. (p. 102)

IJsmolen Des parfums de glace typiquement néerlandais à déguster à côté du moulin De Gooyer. (p. 137)

Boutiques pour enfants

Het Oud-Hollandsch Snoepwinkeltje Une confiserie proposant d'innombrables bocaux de bonbons néerlandais. (p. 61)

Knuffels Peluches, mobiles, marionnettes et puzzles raviront les tout-petits. (p. 138)

Tinkerbell Boutique de jouets et autres articles pour enfants devant laquelle se tient un ours automate qui fait des bulles de savon. (p. 83)

Envie de... Vie nocturne

Amsterdam offre une programmation culturelle florissante dans sa myriade de salles de concerts, de théâtres, de cinémas et de lieux de spectacles. Les mélomanes y profiteront d'une scène musicale des plus variées, axée sur le jazz, la musique classique et les sons avant-gardistes.

Jazz et musique classique

Le jazz a la cote, des créations modernes improvisées aux sonorités plus traditionnelles. Les petits clubs abondent, si bien qu'on peut y écouter des musiciens et jazzmen tous les soirs. Les orchestres, les chefs et les solistes de renommée internationale font par ailleurs d'Amsterdam une référence en Europe en matière de musique classique.

Rock et dance

La musique dance fait vibrer Amsterdam, avec des DJ pour tous les goûts. Beaucoup de clubs accueillent aussi des groupes de rock. Les vedettes en tournée se produisent souvent dans de petites salles comme le Melkweg et le Paradiso. Aussi, ne boudez pas votre plaisir si l'une de vos idoles est de passage.

Billetteries

Les Last Minute Ticket Shops (www.lastminuteticketshop.nl) vendent des places demi-tarif pour les spectacles comiques, ballets, pièces de théâtre et concerts donnés le jour même. Les spectacles concernés sont annoncés chaque jour à 10h. Il est possible d'acheter les billets en ligne avec une carte de crédit ou au guichet. Les boutiques Last Minute se trouvent dans le Stadsschouwburg (p. 69), à la Centrale Bibliotheek Amsterdam (p. 144) et au centre des visiteurs VVV I Amsterdam (p. 181).

INGOLF POMPE / GETTY IMAGES ©

Jazz et blues

North Sea Jazz Club Concerts de musiciens respectés et jam-sessions. (p. 65)

Bimhuis Le cœur de la scène jazz néerlandaise bat dans ce club moderne du port. (p. 149)

Jazz Café Alto Excellent petit club où l'on est pratiquement sur scène avec les musiciens. (p. 81)

Rock et funk

Melkweg Le meilleur club-galerie d'art-cinéma-salle de concerts d'Amsterdam. Dans une ex-laiterie. (p. 80)

Paradiso Une ancienne église où l'on prêche le rock. (p. 80, photo ci-dessus)

OCCII Le squat d'antan accueille en soirée des

Muziekgebouw et Bimhuis

groupes pointus de musique alternative. (p. 103)

CC Muziekcafé Soirées musicales à thème hebdomadaires et mensuelles allant du reggae à la soul, en passant par le rock. (p. 114)

De Nieuwe Anita Cette scène rock se cache derrière une porte dissimulée par une bibliothèque. (p. 60)

Musique classique et opéra

Muziekgebouw aan 't IJ Une merveille high-tech dédiée aux arts de la scène. (p. 148)

Concertgebouw Salle de concerts de renommée mondiale à l'excellente acoustique. (p. 102)

Conservatorium van Amsterdam Récitals donnés par des étudiants de l'élégant conservatoire de musique d'Amsterdam. (p. 149)

Théâtre et cafés-théâtres

Felix Meritis Théâtre expérimental et musique moderne dans un espace artistique vieux de 225 ans. (p. 60)

Boom Chicago Spectacles d'improvisation comique dans le Jordaan. (p. 59)

Stadsschouwburg Grandes pièces de théâtre, opérettes et festivals sur Leidseplein. (p. 69)

Vaut le détour

L'éclatant **EYE Film Institute** (☎589 14 00 ; www.eyefilm.nl ; IJpromenade 1 ; ⏰10h-17h sam-jeu, jusqu'à 21h ven) se situe sur l'autre rive de l'IJ, en face de Centraal Station. Des films, issus du fonds de 40 000 titres, sont projetés dans quatre salles, parfois en musique. Des cafés-restaurants avec vue et des expositions gratuites concourent à l'ambiance branchée. Accès par le bateau de Buiksloterweg (gratuit ; traversée 5 min), derrière la gare.

Envie de… Scène gay et lesbienne

Dire qu'Amsterdam est une capitale gay ne suffit pas à rendre compte de la chaleur et de l'ouverture d'esprit de cette ville. C'est tout de même ici qu'est né le magazine *Butt* et qu'aurait vu le jour le premier bar gay et lesbien au monde. La Gay Pride d'Amsterdam est aussi l'une des plus grandes et des plus extravagantes de la planète.

Quartiers festifs

Cinq secteurs concentrent l'animation. Dans le quartier Rouge, **Warmoesstraat** est connue pour ses bars SM et fétichistes. À proximité, les terrasses des bars décontractés du haut de **Zeedijk** font le plein (même si certains lieux ont fermé récemment). Au niveau de la ceinture des canaux sud, des bars traditionnels et des cafés bruns parfois gay friendly gravitent autour de **Rembrandtplein** (le quartier de l'Amstel). **Leidseplein** compte un petit nombre de clubs animés dans Kerkstraat. Enfin, **Reguliersdwarsstraat**, une rue au sud du marché aux fleurs, attire une clientèle élégante et volage dans des endroits tendance.

't Mandje Le plus ancien bar gay d'Amsterdam croule sous les jolies babioles. (p. 36)

Montmartre Bar de légende où entendre des ballades hollandaises et de vieux tubes du top 40. (p. 79)

Taboo Bar *Happy hours*, spectacles de drag-queens et jeux, pour passer un bon moment. (p. 79)

Saarein Le plus ancien café lesbien de la ville, désormais tout public. (p. 59)

Mr B L'adresse pour trouver des tenues en cuir, fétichistes ou gothiques. (p. 41)

MERTEN SNIJDERS / GETTY IMAGES ©

À savoir

- Le site www.gayamsterdam.com fournit une liste d'hôtels, de boutiques, de restaurants et de clubs, et des plans.
- Situé derrière Westerkerk (p. 50), Pink Point (www.pinkpoint.org) fait à la fois office de kiosque d'informations sur les soirées et les associations et de boutique de souvenirs. À disposition : publications pour les gays et lesbiennes, agenda des fêtes et manifestations, et renseignements sur les réseaux sociaux locaux.
- L'Amsterdam Gay Pride (www.pride.amsterdam, photo ci-dessus) bat son plein fin juillet/début août.

Envie de... Circuits organisés

Circuits à pied

Sandeman's New Amsterdam Tours (www.newamsterdamtours.com ; participation libre ; ⌚10h, 11h15 et 14h15 ; 🚋4/9/16/24 Dam). Amusante visite de 3 heures du centre-ville et du quartier Rouge, commentée par de jeunes guides. Départ devant le Nationaal Monument (Dam, p. 30).

Hungry Birds Street Food Tours (☎06 1898 6268 ; www.hungrybirds.nl ; 69 €/pers ; ⌚11h lun-sam). Les guides vous emmènent hors des sentiers battus gastronomiques pour déguster des spécialités néerlandaises et de cuisines du monde. Les visites font découvrir une dizaine de restaurants et marchands de rue en 4 heures. Réservez ; les lieux de départ varient.

Circuits à vélo

Mike's Bike Tours (☎622 79 70 ; www.mikesbiketoursamsterdam.com ; Kerkstraat 134 ; visites de la ville par adulte/enfant à partir de 22/19 €, à la campagne à partir de 25/18 € ; ⌚bureau 9h-18h mars-oct, à partir de 10h nov-fév ; 🚋16/24 Keizersgracht). Choix fantastique de circuits en ville, dans le port et plus au sud le long de l'Amstel, en passant par des élevages laitiers et des moulins à vent. La clientèle est plutôt jeune.

Yellow Bike (☎620 69 40 ; www.yellowbike.nl ; Nieuwezijds Kolk 29 ; circuits en ville/à la campagne 27,50/32,50 € ; 🚋1/2/5/13/17 Nieuwezijds Kolk). L'agence originelle de circuits à vélo à Amsterdam. Au choix : circuits en ville, ou balades plus longues à la campagne à travers la jolie région du Waterland en direction du nord.

Circuits en bateau

Those Dam Boat Guys (☎06 1885 5219 ; www.thosedamboatguys.com ; 20 €/pers ; ⌚13h, 15h et 17h ; 🚋13/14/17 Westermarkt). Petits circuits (pas plus de 11 participants) drôles et impertinents à bord de bateaux électriques. N'hésitez pas à apporter de quoi boire, manger (et fumer ?) pour le circuit d'une heure et demie. Départ depuis le Cafe Wester (Nieuwe Leliestraat 2).

TONYV3112 / SHUTTERSTOCK ©

Blue Boat Company (☎679 13 70 ; www.blueboat.nl ; Stadhouderskade 30 ; circuit 1 heure 15 adulte/enfant 16/8,50 € ; ⌚toutes les 30 min 10h-18h mars-oct, toutes les heures nov-fév ; 🚋1/2/5/7/10 Leidseplein). Le circuit principal de Blue Boat (1 heure 15) englobe les grands sites d'intérêt. Également : croisières nocturnes (adulte/enfant 19,50/15,50 €).

Envie de...
Balade à vélo

Il y a plus de vélos que de voitures à Amsterdam et tout le monde s'y met : jeunes, retraités, clubbeuses en talons hauts, policiers en service ou encore banquiers en costume. Adoptez le moyen de locomotion des Amstellodamois et toute la ville sera à portée de roue.

Rien de plus simple que de louer un vélo à Amsterdam (p. 177), où les boutiques de location pullulent. Le Vondelpark ainsi que les îles et les docks de l'Est sont aisément accessibles.
Un paysage de moulins à vent et de petites fermes avec leurs vaches attendent les plus téméraires pour une excursion d'une demi-journée (à 20 minutes au nord du centre-ville) à **Amsterdam-Noord**. Il suffit d'embarquer son vélo sur le bateau de Buiksloterweg traversant gratuitement l'IJ en 5 minutes. Les navettes partent toute la journée derrière la Centraal Station. Longez ensuite le Noordhollands Kanaal vers le nord pour voir apparaître la campagne quelques kilomètres plus loin. Des cartes de cyclotourisme sont disponibles au centre d'information des visiteurs VVV (p. 181) de Centraal Station. Les agences proposent aussi ce parcours.

Lieux propices aux balades à vélo

Vondelpark Une verdoyante oasis urbaine. (p. 94, photo ci-dessus)

Îles de l'Est Pour découvrir l'architecture contemporaine. (p. 148)

Amsterdam-Noord Paysages bucoliques et moulins à vent.

Location et circuits

Mike's Bike Tours Agence sympathique aux vélos anonymes, sans publicité. (p. 171)

Yellow Bike La plus ancienne agence de location d'Amsterdam ; location de vélos et circuits sensationnels. (p. 171)

MacBike Vélos rouges, excellentes cartes à thème et emplacements pratiques. (p. 177)

Black Bikes Vélos sans logo de toutes formes et dimensions. (p. 178)

BURCIN TUNCER / GETTY IMAGES ©

☑ À savoir

▶ La plupart des vélos disposent de 2 cadenas : un pour la roue avant (attaché au cadre de vélo), l'autre pour la roue arrière. L'un des deux doit également être attaché à un garage à vélos.

Carnet pratique

Carnet pratique

Avant de partir

Quand partir

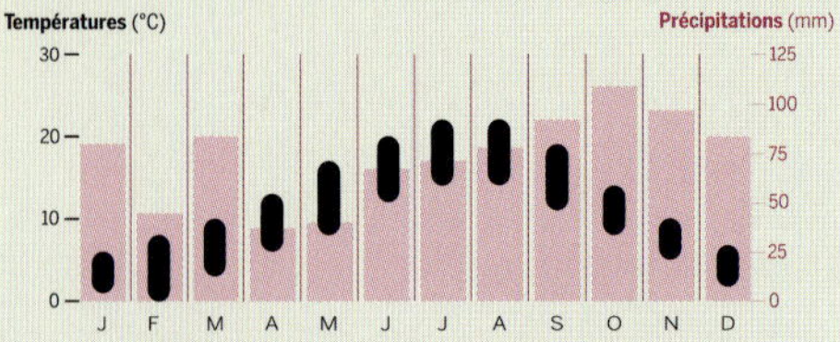

➡ **Hiver (déc-fév)** Patins à glace, cafés douillets avec cheminée et tarifs avantageux font un peu oublier les journées froides et sombres.

➡ **Printemps (mars-mai)** C'est la saison des tulipes et de la très populaire fête du Roi (27 avril). Pluie et beau temps alternent.

➡ **Été (juin-août)** Les terrasses de cafés font le plein et les festivals animent les longues et chaudes journées d'été.

➡ **Automne (sept-nov)** La pluie est parfois au rendez-vous, mais la période coïncide avec la baisse des tarifs et le début de la saison culturelle.

Hébergement

☑ **À savoir** Pensez à réserver votre hébergement le plus tôt possible, notamment l'été et le week-end.

➡ Demandez toujours si la taxe hôtelière de 5% est bien incluse dans le tarif.

➡ Certains hôteliers facturent 5% de plus pou les règlements par carte bancaire.

Sites utiles

Lonely Planet (www.lonelyplanet.fr/destinations/europe/pays-bas/amsterdam/hebergement). Descriptions d'hébergements et réservations.

I Amsterdam (www.iamsterdam.com). Hôtels et auberges de jeunesse sur le site officiel de la ville.

Hotels.nl (www.hotels.nl). Pour de bonnes affaires sur des hébergements plus importants.

:itymundo (www.citymundo.
om). Un agent fiable
our les locations
'appartements ;
ninimum de 3 nuits.

etits budgets

:linkNOORD (www.clinkhostels.com).
ne auberge avant-
ardiste dans le très
rty Amsterdam-Noord.

:ocomama (www.cocomama.nl).
ne auberge de charme
ux rideaux rouges,
ans une ancienne
naison de passe.

:enerator Amsterdam (www.generatorhostels.com).
ne nouvelle auberge
légante, dont les bars
onnent sur Oosterpark.

:tayokay Amsterdam :tadsdoelen (www.stayokay.com).
ne adresse de
ackpackers très
équentée, près de
a place Nieuwmarkt.

atégorie moyenne

loxton Amsterdam (www.thehoxton.com).
tyle hyper branché
prix abordables.

:ollector (www.the-
ollector.nl). Un B&B adorable dans le Vieux Sud, avec poulets dans la cour arrière.

Hotel Fita (www.fita.nl). Un ravissant petit hôtel familial à deux pas du Museumplein.

Hotel Brouwer (www.hotelbrouwer.nl). Huit chambres *arty* dans une maison centrale du XVIIe siècle, au bord du canal.

Catégorie supérieure

Sir Albert (www.siralberthotel.com). Une ancienne fabrique de diamants reconvertie en hôtel design.

Seven One Seven (www.717hotel.nl). Huit chambres spacieuses et incroyablement belles que vous ne voudrez plus quitter.

Toren (www.thetoren.nl). Opulence du XVIIe siècle et "décadence" sensuelle.

Hotel Notting Hill (www.hotelnottinghill.nl). Le mur composé de valises anciennes dans le hall fait partie des jolies touches apportées par le designer Wim Hoopman.

Arriver à Amsterdam

☑ **À savoir** Pour connaître le meilleur moyen de transport jusqu'à votre hôtel, reportez-vous p. 16.

Aéroport de Schiphol (AMS)

Train L'aéroport est relié à la Centraal Station d'Amsterdam par le train (5,10 € aller, 17 min), 24h/24, toutes les 10 min entre 6h et 0h30 ou toutes les heures la nuit. Les machines automatiques pour l'achat de billets acceptent les pièces ou les cartes bancaires (la plupart du temps, seules les cartes néerlandaises fonctionnent). Pour payer

Calcul d'itinéraire

Le site **www.9292.nl** vous indiquera l'itinéraire pour vous rendre d'un point à un autre d'Amsterdam, ainsi que le coût et la durée du trajet. Le site est en anglais et en hollandais.

Forfaits transport

- Le GVB propose des pass illimités très pratiques pour 1/2/3 jours (7,50/12/16,50 €), valables sur les trams, les bus et le métro. Des forfaits sont aussi disponibles pour une durée plus longue.
- Ils sont en vente aux bureaux du GVB office, dans les centres d'information I Amsterdam et auprès des conducteurs de trams (pass 1 et 2 jours uniquement).
- La carte **I Amsterdam** (www.iamsterdam.com ; 49/59/69 € pour 24/48/72 heures) inclut aussi un pass transports.

en liquide, adressez-vous au guichet (supp de 0,50 €), situé après les automates.

Connexxion (www.schipholhotelshuttle.nl ; aller/aller-retour 17/27 €) assure un service de navette entre l'aéroport et plusieurs hôtels, toutes les 30 minutes de 6h à 21h. Le comptoir se situe à hauteur des arrivées 4.

Bus La ligne de bus 197 (5 € l'aller, 25 min) est la solution la plus rapide pour rejoindre Museumplein, Leidseplein ou Vondelpark. Départ devant le hall des arrivées. Achetez le ticket directement auprès du conducteur.

Taxi La course en taxi jusqu'au centre-ville coûte environ 47 € (20-30 min, plus aux heures de pointe). Station devant le hall des arrivées.

Centraal Station (CS)

Tram 10 des 15 lignes urbaines de tramway relient la gare centrale au reste de la ville, facilitant l'accès à la plupart des hébergements. L'arrêt des trams 4, 9, 16, 24 et 26 se trouve sur la gauche en sortant de la gare (repérez la lettre "A"), et celui des tramways 1, 2, 5, 13 et 17 sur la droite (repérez le "B").

Taxi La borne de taxis fait face à l'entrée principale vers le côté ouest. Tarifs au compteur. Prévoyez 10-15 € pour le centre-ville, la ceinture des canaux ou le Jordaan.

Depuis la France

- Les compagnies **KLM** (www.klm.com), **Air France** (www.airfrance.fr) e[t] **Lufthansa** (www.lufthansa.com) proposent des vols quotidiens. Comptez 1 heure 15 de vol depuis Paris et quelque 120 € l'aller-retour ; consultez les moteurs de recherche pour dénicher des vols à moindre coût : www.govoyages.com www.edreams.fr www.liligo.fr
- Amsterdam est très bien reliée en train à Paris et à d'autres capitales européennes. Les trains internationaux arrivent à Centraal Station (CS), dans le centre-ville.
- Le train à grande vitesse **Thalys** (www.thalys.com) relie Paris à Amsterdam en 3 heures 18 via Bruxelles pratiquement toutes les heures entre 6h et 19h. Comptez entre 40 et 90 € l'aller.

Depuis la Belgique

- Le train à grande vitesse **Thalys** (www.thalys.com) relie Bruxelles à Amsterdam toutes les heures entre 6h et 19h.

➡ **Fyra** (www.fyra.com) gère les trains les plus rapides et les plus récents entre la Belgique et les Pays-Bas. Comptez 2 heures entre Bruxelles et Amsterdam.

Depuis la Suisse

➡ Au départ de Zurich ou de Genève, l'aller-retour en avion sans escale commence à 150 FS avec **Swiss** (www.swiss.com).

Depuis le Canada

➡ Les compagnies **KLM** (www.klm.com) et **Delta** (delta.com), notamment, effectuent des vols directs avec la capitale néerlandaise (1 200 $C). Les vols avec escale sont plus abordables (860 $C). Les vols d'**Air Canada** (www.aircanada.com) font escale aux États-Unis ou en Allemagne.

Comment circuler

Tramway

☑ **Idéal pour...** La plupart des sites touristiques et des quartiers.

➡ Rapides et fréquents, les tramways circulent de 6h à 0H30.

➡ À bord, vous pourrez acheter une OV-chipkaart à usage unique (2,90 €, valable 1 heure) ou un pass journalier (7,50 €) auprès du receveur positionné à l'arrière. Dans les tramways sans receveur (lignes 5 et, parfois, 24), achetez votre billet auprès du conducteur.

➡ Validez votre carte devant la machine rose en montant comme en descendant.

➡ GVB gère le réseau de tramways. Tickets, pass et plans sont disponibles au **bureau d'information GVB** (www.gvb.nl ; Stationsplein 10 ; 🕗 7h-21h lun-ven, 8h-21h sam-dim ; 🚋 1/2/4/5/9/14/16/24 Centraal Station), situé en face des rails du tramway à Centraal Station et dans les centres d'information des visiteurs VVV.

Métro et bus

☑ **Idéal pour...** Certaines destinations d'Oosterpark, Nieuwmarkt et du port.

➡ Le métro et le bus desservent surtout les quartiers périphériques, au même tarif que le tramway.

➡ Les bus de nuit (*Nachtbussen*, 4,50 €) circulent toutes les heures de 1h à 6h.

Vélo

☑ **Idéal pour...** Les îles de l'Est, le Vondelpark et se déplacer comme les habitants.

➡ Les agences de location, omniprésentes, ouvrent en principe de 9h à 18h, voire plus.

➡ Pour un vélo à une vitesse avec frein à rétropédalage, comptez en moyenne 11 € les 24 heures. Les vélos à plusieurs vitesses et munis de freins à main coûtent plus cher.

➡ L'assurance vol coûte environ 3 € de plus par jour – mieux vaut la prendre, car les vols ne sont pas rares.

➡ Les agences vous demanderont votre passeport ou votre carte d'identité et un dépôt de garantie en espèces (généralement 50 €) ou par empreinte de carte bancaire.

➡ **MacBike** (☎ 620 09 85 ; www.macbike.nl ; Stationsplein 5 ; location de vélo pour 3/24 heures à partir de 7,50/9,75 € ; 🕗 9h-17h45 ; 🚋 4/9/16/24

Centraal Station) compte parmi les sociétés les plus touristiques (leurs vélos sont rouge vif avec logo), mais il est bien situé, à Centraal Station, et possède d'autres agences à Waterlooplein et Leidseplein. Grand choix de vélos.

➡ **Black Bikes** (☎670 85 31 ; www.black-bikes.com ; Nieuwezijds Voorburgwal 146 ; location de vélo pour 3/24 heures à partir de 6/8,50 € ; ⏲8h-20h lun-ven, 9h-19h sam-dim ; 🚋1/2/5/13/14/17 Dam/Raadhuisstraat) propose des vélos sans publicité (ce qui évite d'avoir l'air d'un touriste). Loue des vélos de ville, des vélos pour enfants, des tandems et des *cargo bikes* dans 10 magasins, comme celui-ci dans le centre.

➡ **Mike's Bike Tours** (☎622 79 70 ; www.mikesbiketoursamsterdam.com ; Kerkstraat 134 ; circuit en ville adulte/enfant à partir de 22/19 €, en campagne à partir de 25/18 € ; ⏲bureau 9h-18h mars-oct, 10h-18h nov-fév ; 🚋16/24 Keizersgracht) et **Yellow Bike** (☎620 69 40 ; www.yellowbike.nl ; Nieuwezijds Kolk 29 ; circuits en ville/campagne 27,50/32,50 € ; 🚋1/2/5/13/17 Nieuwezijds Kolk) louent également des vélos. Il n'y a pas de publicité sur les vélos de Mike's Bike Tours.

➡ Utilisez toujours les cadenas fournis pour vous prémunir des vols (très fréquents).

➡ Les casques sont peu courants (les Néerlandais n'en portent pas).

Bateau

☑ **Idéal pour...** Le nord de la ville (EYE Film Institute, NDSM-werf).

➡ Des bateaux relient Amsterdam-Noord au départ des quais derrière Centraal Station (gratuit).

➡ La traversée jusqu'à Buiksloterweg est la plus directe (5 min, 24h/24).

➡ Un bateau rallie NDSM-werf (15 min) entre 7h (9h week-end) et minuit.

➡ Il existe une liaison pour IJplein (6h30-minuit). Vélos autorisés à bord.

Taxi

☑ **Idéal pour...** Les trajets de nuit et/ou avec beaucoup de bagages.

➡ Les taxis stationnent devant Centraal Station, à Leidseplein et dans d'autres endroits animés de la ville. Pour en appeler un, **Taxicentrale Amsterdam** (TCA ; ☎777 77 77 ; www.tcataxi.nl) est la société la plus fiable.

➡ Comptez 2,95 € pour la prise en charge, puis 2,17 €/km. Une course de Leidseplein au Dam revient à 12 € environ.

➡ La société **Uber** (www.uber.com) est très populaire à Amsterdam. UberX est le service bon marché et légal qui fonctionne dans toute la ville.

Train

☑ **Idéal pour...** Les excursions en dehors de la ville.

Consultez le site de **NS** (www.ns.nl) pour les horaires nationaux (y compris pour l'aéroport Schiphol) et le site **NS International** (www.nsinternational.nl) pour l'international.

➡ Vous trouverez des guichets de vente pour les liaisons nationales et internationales à Centraal Station (côté gauche).

➡ Les guichets de vente de Centraal Station (du côté ouest) vendent les billets pour les destinations nationales et internationales.

Voiture et moto

- Le stationnement est limité et onéreux.
- Pour vous garer dans une rue en ville, comptez environ 5 €/h et 30 €/jour.
- Pour des raisons de praticité et d'économie, mieux vaut laisser son véhicule dans l'un des grands parkings à l'entrée de la ville. Voir le site www.iamsterdam.com pour plus de détails.
- Toutes les grandes sociétés multinationales de location sont présentes. Beaucoup disposent de bureaux sur Overtoom, près du Vondelpark. Les tarifs démarrent à 45 € la journée environ.

Amsterdam à moindre coût

- Profitez des sites et des loisirs gratuits (p. 166).
- Au restaurant, commandez le *dagschotel* (plat du jour) ou le *dagmenu* (menu du jour).
- Le site www.lastminuteticketshop.nl propose des billets à moitié prix pour tout type de spectacles le jour même.

Infos pratiques

Argent

À savoir Les Pays-Bas font partie de la zone euro.

Distributeurs automatiques de billets

- La plupart des DAB acceptent les cartes Visa/Mastercard ainsi que Cirrus et Plus. Les DAB, répandus, attirent la foule et sont souvent à court d'argent le week-end.

Cartes bancaires

- Elles fonctionnent dans la plupart des hôtels. Néanmoins, un bon nombre de boutiques et de restaurants les refusent ou n'acceptent que les cartes à puce européennes.
- Certains établissements facturent un supplément de 5% (ou plus) sur les transactions par carte.

Bureaux de change

- **GWK Travelex** (Stationsplein ; 8h-20h lun-sam, 10h-17h dim ; 4/9/16/24 Centraal Station) à Centraal Station, dispose aussi de comptoirs à Leidseplein et à l'aéroport de Schiphol.

Pourboires

Portiers d'hôtel 1 à 2€ par bagage.

Bars Non attendu.

Restaurants 5 à 10% pour un en-cas, 10% environ pour un repas.

Taxis 5 à 10% de la course.

Cartes de réduction

Disponible dans les centres d'information VVV et certains hôtels, la **I Amsterdam Card** (49/59/69 € pour 24/48/72 heures) donne accès à de nombreux musées (sauf le Rijksmuseum), à des balades sur les canaux et aux transports en commun GVB. Elle offre aussi des réductions dans des boutiques, des restaurants et des monuments.

Désagréments et dangers

Amsterdam est globalement une ville très sûre. Surveillez néanmoins votre porte-feuille le soir dans le quartier Rouge et en journée au Bloemenmarkt.

Électricité

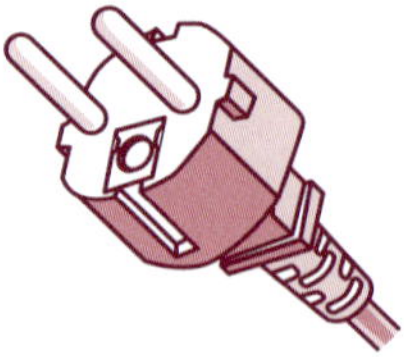

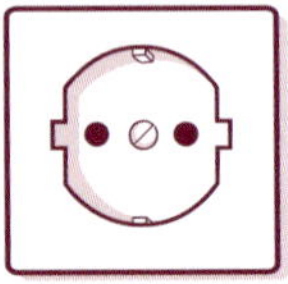

220 V/50 Hz

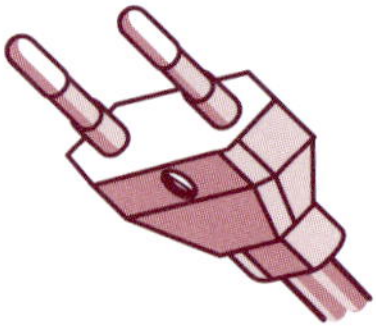

220 V/50 Hz

Handicapés

➜ Nombre d'hôtels d'entrée de gamme et de catégorie intermédiaire ne sont pas accessibles, car ils se situent dans de vieux bâtiments sans ascenseur et pourvus d'escaliers raides.

➜ Les rues pavées malmènent les fauteuils roulants.

➜ Tous les bus et les stations de métro sont également accessibles.

➜ Les trams deviennent de plus en plus accessibles à mesure que de nouveaux équipements sont installés. Les lignes 1, 5, 13, 17 et 26 disposent de plusieurs arrêts surélevés pour les utilisateurs en fauteuil.

➜ Accessible Travel Netherlands publie un guide téléchargeable (www.accessibletravelnl.com/blogs/New-city-guide-for-Amsterdam) des restaurants, sites, transports et itinéraires à Amsterdam pour les voyageurs à mobilité réduite.

Horaires d'ouverture

Les horaires indiqués correspondent à la pleine saison (de mai à septembre environ). Ils sont généralement plus restreints en dehors de cette période.

Banques 9h-16h, du lundi au vendredi et parfois le samedi matin.

Cafés, bars et *coffee shops* De 12h environ à 1h du dimanche au jeudi ou 3h du vendredi au samedi.

Discothèques De 22h environ à 4h ou 5h le vendredi et le samedi, plus tôt en semaine.

Restaurants 11h-14h30 et 18h-22h.

Commerces Grands magasins : 9h/10h-18h du lundi au samedi, 12h-18h le dimanche. Boutiques : 10h/12h-18h du mardi au vendredi et, pour certaines, 10h-17h le dimanche et 12h/13h-17h/18h le lundi. Beaucoup de commerces ouvrent jusqu'à 21h le jeudi.

Jours fériés

Les banques, les écoles, les bureaux et la plupart des commerces ferment pour l'occasion.

Nieuwjaarsdag Nouvel An, le 1er janvier.

;oede Vrijdag Vendredi ;aint, mars/avril.

:erste et Tweede ?aasdag Dimanche :t lundi de Pâques, nars/avril.

‹oninginnedag ·ête du Roi, 27 avril.

3evrijdingsdag Jour le la Libération, le 5 mai. lormis les fonctionnaires, resque tout le monde ravaille ce jour-là.

lemelvaartsdag ‹scension, 5 mai 2016, :5 mai 2017.

:erste et Tweede ?inksterdag Dimanche :t lundi de Pentecôte, 5 et 16 mai 2016, · et 5 juin 2017.

:erste et Tweede ‹erstdag Noël et endemain de Noël, :5 et 26 décembre.

Pas d'impairs

- Saluez d'une poignée de main franche ou de deux ou trois bises.
- Ne photographiez pas les femmes en vitrine dans le quartier Rouge.
- Adoptez une tenue décontractée, sauf s'il s'agit d'une occasion formelle.
- Ne fumez pas de drogue et ne buvez pas dans la rue.
- Ne fumez pas de tabac dans les bars et restaurants.

)ffices du tourisme

- Le **centre 'information VVV I** Plan p. 26 ; www.iamsterdam. om ; Stationsplein 10 ; 9h-3h ; 4/9/16/24 Centraal tation), devant Centraal tation, apporte une ide précieuse. Il vend es cartes I Amsterdam, es places de théâtre, es entrées au musée, n bon plan de la ville (2,50 €) et, pour les cyclistes, des cartes de transport (le bureau des transports GVB y est attaché), et des billets de train pour l'aéroport de Schiphol. L'attente peut être longue ; prenez un numéro en arrivant.
- Le **centre d'information VVV I Schiphol** (7h-22h), à l'intérieur de l'aéroport, au hall 2 des arrivées, propose des services similaires.

Téléphone

Téléphone portable

- Les Pays-Bas utilisent le réseau GSM, compatible avec l'Europe mais pas avec l'Amérique du Nord. Certains téléphones nord-américains et les iPhones fonctionnent (attention aux frais importants de roaming surtout pour les échanges de données).
- Les boutiques Phone House, T-Mobile et Vodafone dans Kalverstraat et Rokin vendent des téléphones portables à partir de 35 €. Une autre solution consiste à acheter une carte SIM (à partir de 5 €) pour utiliser votre mobile avec un numéro néerlandais.
- Beaucoup de Néerlandais utilisent WhatsApp (www.whatsapp.com).

Indicatifs téléphoniques

Pays-Bas (31)

Amsterdam (020) Ne composez pas le

premier 0 si vous appelez de l'étranger.

Renseignements gratuits (☎0800)

Téléphones portables (☎06)

Appels nationaux et internationaux

➡ Pour appeler à l'étranger, composez le ☎00, l'indicatif du pays souhaité, l'indicatif de la ville (généralement sans le premier 0) puis le numéro de votre interlocuteur.

➡ Pour passer un appel local à Amsterdam, il suffit de composer le numéro local à sept chiffres (autrement dit, il ne faut pas composer l'indicatif local si vous êtes dans la même zone).

➡ Pour appeler localement un numéro de portable hollandais, composez le 06 suivi du numéro à huit chiffres.

Toilettes

☑ **À savoir** Le coût est généralement de 0,50 €.

➡ Il y en a peu, hormis les urinoirs pour messieurs du quartier Rouge par exemple.

➡ La plupart des gens utilisent les toilettes des cafés ou des grands magasins.

Urgences

Police, pompiers, ambulance (☎112)

Visas

➡ Les touristes de près de 60 pays (notamment une grande partie de l'Europe) n'ont besoin que d'un passeport valable pour visiter les Pays-Bas et ce jusqu'à 3 mois.

➡ Les ressortissants de l'UE peuvent rester dans le pays jusqu'à 3 mois avec leur simple carte d'identité.

➡ Le ministère des Affaires étrangères néerlandais (www.government.nl) donne la liste des consulats et ambassades dans le monde qui délivrent des visas.

Langue

ıu même titre que l'anglais, le ıéerlandais appartient à la famille des ıngues germaniques, c'est pourquoi ces leux langues présentent de nombreuses imilitudes de prononciation. Le ıéerlandais a cependant une sonorité ılus gutturale. Ainsi le "g" (noté Rh) onne lieu à un son semblable à la *jota* spagnole en roulant le "r". Si vous lisez ı prononciation reportée comme s'il 'agissait du français, vous arriverez vous faire comprendre. Les syllabes ccentuées figurent en italique.

Indispensable pour communiquer ur place, le *Guide de conversation ıéerlandais* de Lonely Planet omprend le vocabulaire essentiel pour ommuniquer en toutes circonstances.

ıxpressions courantes

ıonjour.	*Dag./Hallo.*	daRh/ha·*lô*
ıu revoir.	*Dag.*	daRh
ıui.	*Ja.*	yaa
ıon.	*Nee.*	né

'il vous/te plaît.
lstublieft. — al·stū·*blīft*
ısjeblieft. — a·chœ·*blīft*

ıerci.
ank u/je. (pol/fam) — dangk ū/yeu

xcusez-moi.
xcuseer mij. — èks·kū·*zér* mey

omment allez-vous/vas-tu ?
oe gaat het met /jou? — hou Rhāt heut mèt ū/yao ?

Bien. Et vous/toi ?
Goed. En met u/jou ? — Rhoot èn mèt ū/yao ?

Parlez-vous anglais ?
Spreekt u Engels? — sprékt ū *eng*·els ?

Je ne comprends pas.
Ik begrijp het niet. — ĭk bœ·*Rhreyp* heut nīt

Au restaurant

Je voudrais...
Ik wil graag ... — ĭk vil RhrãRh ...

une bière	*een bier*	eun bīr
un café	*een koffie*	eun *ko*·fī
une table pour deux	*een tafel voor twee*	eun *tā*·feul fōr tvé
la carte	*een menu*	eun mœ·*nū*

Je ne mange pas (de viande).
Ik eet geen (vlees). — ĭk ét Rhén (flés)

Délicieux !
Heerlijk!/Lekker! — *hér*·leuk/*lè*·keurr

Santé !
Proost! — prōst

L'addition s'il vous plaît.
Mag ik de rekening alstublieft? — maRh ĭk deu *ré*·keu·ning al·stū·*blīft*

Shopping

Je voudrais acheter...
Ik wil graag ... kopen. — ĭk vil RhrãRh *kō*·peun

Je ne fais que regarder.
Ik kijk alleen maar. — ĭk keyk a·*leyn* mār

Combien ça coûte ?
Hoeveel kost het? hou·*vēl* kost heut

C'est trop cher.
Dat is te duur. dat is tœ dūr

Pouvez-vous baisser le prix ?
Kunt u wat van de prijs afdoen? kunt ū vat fan deu preys *af*·doun ?

Urgences

Au secours !
Help! hèlp

Appelez un médecin !
Bel een dokter! bèl eun *dok*·teur

Appelez la police !
Bel de politie! bèl deu pō·*lī*·sī

Je suis malade.
Ik ben ziek. īk bèn zīk

Je suis perdu(e).
Ik ben verdwaald. īk bèn feur·*dvālt*

Où sont les toilettes ?
Waar zijn de toiletten? vār zeyn deu toa·*lè*·teun

Heure et chiffres

Quelle heure est-il ?
Hoe laat is het? hou lāt is heut ?

Il est (10) heures.
Het is (tien) uur. heut is (tīn) ūr

Il est 10h30.
Half (elf). half (èlf)

matin	*'s ochtends*	*soRh*·teuns
après-midi	*'s middags*	*smi*·daRhs
soir	*'s avonds*	*sā*·vonts

1	*één*	én
2	*twee*	tvé
3	*drie*	drī
4	*vier*	fīr
5	*vijf*	veyf
6	*zes*	zès
7	*zeven*	*zé*·veun
8	*acht*	aRht
9	*negen*	*né*·Rheun
10	*tien*	tīn

Transport et orientation

Où est... ?
Waar is ...? vār is ...?

Est-ce loin ?
Hoe ver is het? hou fèr is heut ?

Quelle est l'adresse ?
Wat is het adres? vat is heut a·*drès* ?

Pouvez-vous me montrer (sur la carte) ?
Kunt u het mij tonen (op de kaart)? kunt ū heut mey *tō*·neu (op deu kārt)

Un billet pour..., s'il vous plaît.
Een kaartje naar ... graag. eun *kār*·tyeu nār ..., ... RhrāRh

Emmenez-moi à... s'il vous plaît
Breng me alstublieft nār ... brèng mey al·stū·*blift naar ...*

Est-ce qu'il s'arrête à...?
Stopt het dans ...? stopt heut dans ...

Je voudrais descendre à...
Ik wil graag dans ... uitstappen. ik vil RhrāRh dans ... *euyt*·sta·peun

Pouvons-nous y aller à vélo ?
Kunnen we er met de fiets heen? *ku*·nuhn wuh uhr met duh feets heyr

En coulisses

Vos réactions ?

Vos commentaires nous sont très précieux pour améliorer nos guides. Notre équipe lit vos lettres avec la plus grande attention et prend en compte vos remarques pour les prochaines mises à jour. Pour nous faire part de vos réactions, prendre connaissance de notre catalogue et vous abonner à notre newsletter, consultez notre site Internet : **www.lonelyplanet.fr**
Nous reprenons parfois des extraits de notre courrier pour les publier dans nos guides ou sites web. Si vous ne souhaitez pas que vos commentaires soient repris ou que votre nom apparaisse, merci de nous le préciser. Notre politique en matière de confidentialité est disponible sur notre site Internet.

À nos lecteurs

Merci à tous les voyageurs qui ont utilisé la dernière édition de ce guide et qui nous ont écrit pour nous faire part de leurs conseils, de leurs suggestions et de leurs anecdotes : Diego Espinoza, Stephen Garone et Umar Akbar.

Remerciements

Mille mercis à Manon Zondervan, Machteld Ligtvoet et à l'Amsterdam Press Office, ainsi qu'à Thierry et Julie Lehto, Saskia Maas, Andrew Moskos, Gert-Jan Ruiter et Rachael Teo pour m'avoir donné de leur temps et d'excellentes infos. J'exprime ma profonde gratitude à Catherine Le Nevez, co-auteure, à Kate Morgan et à toute l'équipe de Lonely Planet. Enfin, merci surtout à Eric Markowitz, le meilleur compagnon de vie au monde, qui m'a accompagnée dans mon périple, buvant des litres de bière, visitant une foule de musées et remportant à la maison tous mes chocolats néerlandais, sans jamais se départir de sa patience d'ange.

Crédits photographiques

Photographie de couverture :
Amsterdam, Maurizio Rellini/4Corners.
Photographie en p. 4-5 :
Vélo à Amsterdam, marilynyee/Getty.

À propos de cet ouvrage

Cette 4e édition française du guide *Amsterdam En quelques jours* est une traduction-adaption de *Pocket Amsterdam* (4th Edition), élaborée et rédigée par Karla Zimmerman, avec la contribution de Catherine Le Nevez.

Traduction
Nathalie Berthet
Yann Champion
Thérèse de Chérisey

Direction éditoriale
Didier Férat

Coordination éditoriale
Camille Abbey

Responsable prépresse
Jean-Noël Doan

Maquette
Caroline Donadieu

Cartographie
Nicolas Chauveau

Couverture
Sébastienne Ocampo

Merci à Virginie Bensaada pour sa relecture attentive du texte et à Laura Fidler pour sa préparation du texte.

Index

Voir aussi les index :

Se restaurer p. 189

Prendre un verre p. 190

Sortir p. 190

Shopping p. 191

Référence des **sites**
Référence des **cartes**

Se restaurer

Prendre un verre

Sortir

Référence des **sites**
Référence des **cartes**

Shopping

L'auteur

Karla Zimmerman

Ses voyages à Amsterdam ont été l'occasion pour Karla de s'immerger dans l'art, de faire du vélo sans incident, d'avaler une quantité indécente de frites et de boire du *jenever* (genièvre) comme une Amstellodamoise. Si elle se rend régulièrement à Amsterdam depuis 1989, elle a désormais troqué les *space cakes* pour les *stroopwafels* (gaufres au sirop)... pour son plus grand plaisir. Elle ne se lasse jamais de l'oscillation des péniches sur l'eau, du bruit des sonnettes de vélo et des maisons penchées en bordure de canal.

Karla rédige des articles de voyage pour des livres, des magazines et des sites Internet. Elle a écrit et co-écrit plusieurs guides Lonely Planet sur les États-Unis, le Canada, les Antilles et l'Europe. Retrouvez-la sur Twitter et Instagram (@karlazimmerman).

Co-auteur

Catherine Le Nevez a contribué à la rédaction des chapitres *Nieuwmarkt et Plantage*, *Port et îles de l'Est*, *Ceinture des canaux sud*, *Vondelpark et Vieux Sud* et *De Pijp*.

Amsterdam en quelques jours
4e édition
Traduit et adapté de l'ouvrage *Pocket Amsterdam, 4th edition, May 2016*

Dépôt légal Mai 2016
ISBN 978-2-81615-437-5
Imprimé par L.E.G.O. Spa (Legatoria Editoriale Giovanni Olivotto), Italie
Réimpression 02, janvier 2017

En Voyage Éditions | un département place des éditeurs